Michael Konrad, Sandra Dellmann

Rehabilitation und Teilhabe wie aus einer Hand

Vom Gesetz zur Praxis

Dipl.-Psych. Dr. Michael Konrad war jahrzehntelang in der gemeindepsychiatrischen Versorgung tätig, insbesondere in allen Formen des unterstützten Wohnens. Von Herbst 2017 bis Sommer 2021 war er Referent für die Umsetzung des Bundesteilhabegesetzes im Ministerium für Soziales und Integration Baden-Württemberg.

Sandra Dellmann ist Leistungsberechtigte und die Person, deren Fall hier ausführlich vorgestellt wird.

Michael Konrad, Sandra Dellmann

Rehabilitation und Teilhabe wie aus einer Hand

Vom Gesetz zur Praxis

Michael Konrad, Sandra Dellmann
Rehabilitation und Teilhabe wie aus einer Hand
Vom Gesetz zur Praxis

1. Auflage 2022
ISBN: 978-3-96605-154-5
ISBN E-Book (PDF): 978-3-96605-155-2

Bibliografische Information der Deutschen Nationalbibliothek
Die Deutsche Nationalbibliothek verzeichnet diese Publikation in der Deutschen Nationalbibliografie; detaillierte bibliografische Daten sind im Internet über https://portal.dnb.de abrufbar.

Weitere Bücher zum Umgang mit psychischen Erkrankungen unter:
www.psychiatrie-verlag.de

Psychiatrie Verlag GmbH, Ursulaplatz 1, 50668 Köln 2022
info[at]psychiatrie-Verlag.de

Lektorat: Karin Koch, Köln
Umschlagkonzeption: GRAFIKSCHMITZ, Köln
unter Verwendung eines Fotos von 2Design / photocase.de
Typografiekonzeption und Satz: Iga Bielejec, Nierstein
Druck und Bindung: CPI Druckdienstleistungen GmbH, Erfurt

TEIL 2

Vorwort

Das vorliegende Buch ist keine Studie und keine theoretische Abhandlung über sozialpsychiatrische Hilfen. Es will nichts anderes, als an einem Beispiel zu zeigen, wie ein neues Sozialgesetz umgesetzt werden kann, mit dem eine 180-Grad-Wende vollzogen wird und das eine hohe Komplexität aufweist.

Das Zustandekommen des Buches ist ein Glücksfall, der sich wie meistens mehreren Zufällen verdankt. Das Autorenteam hat sich fünf Jahre vor Erscheinen des Buches kennengelernt. Sandra Dellmann war kurz zuvor in eine Wohngruppe in Wangen eingezogen, die im Veantwortungsbereich von Michael Konrad lag. Zur gleichen Zeit hatte seine Frau, Katrin Wermuth, das Modellprojekt einer »inklusiven Gastwirtschaft« begonnen, in der sich Sandra Dellmann gerne aufhielt und in der sie auch gerne mitarbeiten wollte.

Auf diese Weise kam das künftige Autorenteam ins Gespräch. Sandra Dellmann war mit sich und der Unterstützungsleistung in der Wohngruppe unzufrieden, Michael Konrad gerade auf dem Absprung in das baden-württembergische Sozialministerium, in das er abgeordnet wurde, um sich an der Umsetzung des Bundesteilhabegesetzes (BTHG) zu beteiligen. Die erste Aufgabe war die Erstellung eines Bedarfsermittlungsinstrumentes für die Leistungen der Eingliederungshilfe. Nachdem ein erster Entwurf stand, war es ihm ein großes Anliegen, dieses in der Praxis auszuprobieren. Sandra Dellmann war von der Idee begeistert, diese Probe an ihrem Beispiel zu machen.

Nach einem Bedarfsermittlungsgespräch mit ihr vor der Tür der inklusiven Gastwirtschaft schlummerte das Ergebnis zwei Jahre lang auf dem Bedarfsermittlungsbogenbogen. Das Bedarfsermittlungsinstrument für Baden-Württemberg (BEI_BW) wurde nach langem Hin und Her Anfang 2019 eingeführt. Michael Konrad war nach der Veröffentlichung eines Buches über die Assistenzleistung (Konrad 2019) zwischenzeitlich in das Psychiatrie-Referat gewechselt. Er hatte das Gefühl, dass sowohl die Leistungserbringer der Behindertenhilfe als auch die 44 Stadt- und Landkreise als Träger der Eingliederungshilfe in Baden-Württemberg die Chancen für eine konsequente personenzentrierte Leistungserbringung nicht wahrnehmen wollten.

Auch bei überregionalen Veranstaltungen zeigte sich, dass die Angst vor der konsequenten Umsetzung des Rechts der Rehabilitation und Teilhabe für Menschen mit Behinderung groß war und die Angst zu einem Rückzug auf das Althergebrachte führte. Insbesondere die Vertretungen der klassischen

Behindertenhilfe, die von großen Einrichtungen im Bereich der Menschen mit geistiger Behinderung dominiert wird, waren in der Erarbeitung der Landesrahmenverträge darauf ausgerichtet, die bisherigen Leistungsformen in das neue Gesetzessystem zu überführen.

Der Fokus richtete sich darauf, die im Rahmen des zwölften Sozialgesetzbuches (SGB XII) finanzierten Leistungen der Eingliederungshilfe eins zu eins auf die neuen Vorschriften des neunten Sozialgesetzbuches (SGB IX) zu übertragen. Dies kam z. B. in der häufiger zu hörenden Formulierung zum Ausdruck, dass das Betreute Wohnen ab 2020 im SGB IX neu geregelt werden würde. Damit wurde die vom Gesetzgeber angestrebte Überwindung der Institutionszentrierung im alltäglichen Sprachgebrauch unterlaufen und die Auseinandersetzung zwischen Trägern der Eingliederungshilfe und den Leistungserbringern fokussierte sich vor allem auf die Höhe des Entgelts für die überführten Leistungen.

Das eigentliche Potenzial des BTHG, nämlich die veränderten Vorschriften für die vorrangigen Rehabilitationsträger sowie die individuelle Erfassung des gesamten Teilhabebedarfs, wurde in den Diskussionen weitgehend ausgeklammert. Dabei hatte der Gesetzgeber nicht nur einen Teil 2 als Leistungsgesetz der Eingliederungshilfe in das SGB IX integriert, sondern auch die Vorschriften für die vorrangigen Rehabilitationsleistungen in Teil 1 fundamental geändert. Damit sollte die Quadratur des Kreises endlich gelingen, in einem gegliederten Sozialrechtssystem den gesamten individuellen Teilhabebedarf »wie aus einer Hand« zu erbringen.

Die verschiedenen Rehabilitationsträger sollten zwar weiter nach ihrem jeweiligen Leistungsgesetz vorgehen, bei komplexem Unterstützungsbedarf aber Leistungen mit den anderen Rehabilitationsträgern in einer Teilhabeplanung abstimmen, sodass sie nahtlos ineinandergreifen. Der Träger der Eingliederungshilfe hat damit eine große Chance der Steuerung in die Hand bekommen, denn er muss mit seinem Bedarfsermittlungsinstrument den gesamten Teilhabebedarf erfassen und kann im Rahmen des Gesamtplanverfahrens auch Leistungen der anderen Rehabilitationsträger feststellen. Diese große Chance möchten wir an einem praktischen Beispiel demonstrieren, in dem die Unterschiede zwischen dem alten Verfahren und dem neuen anhand der Lebensgeschichte von Sandra Dellmann durchgespielt werden. Die Lesenden erfahren, was für Hilfe sie bekommen hat und welche Hilfen nun möglich wären.

Das Ziel des Buches ist zu zeigen, dass die nüchternen Gesetzesparagrafen und ein Klassifikationsinstrument wie die ICF im Alltag hilfreich sein können, wenn sie auf das Individuum bezogen werden. Für wichtige und hilfreiche Anregungen sind wir Matthias Rosemann und Bruno Hildenbrand zu Dank verpflichtet.

Einführung: Ist die Umsetzung von Recovery und Teilhabe in einem gegliederten Sozialsystem möglich?

Der Weg psychisch kranker Menschen von der Verwahrung und Versorgung zur vollen und gleichberechtigten Teilhabe am gesellschaftlichen Leben ist lang. Nach über hundert Jahren Heil- und Pflegeanstalt kam Anfang der 1970er-Jahre die traditionelle Psychiatrie auch in Deutschland in Bewegung. Mindestens eine Dekade später als in den anderen entwickelten Industrieländern wurde die psychiatrische Anstalt als Inbegriff der totalen Institution (Goffman 1961) infrage gestellt. Die psychiatrischen Anstalten hatten gerade ein Stück weit das Vertrauen der Bevölkerung zurückgewonnen, das durch das nationalsozialistische Regime verloren gegangen war, – nicht zuletzt durch die sich etablierenden Psychopharmaka als erste medizinisch begründete Therapieform – und schon standen sie wieder in der Kritik: Sie würden psychisch kranke Menschen nicht heilen, sondern trotz der medikamentösen Therapie weiter in den psychiatrischen Landeskliniken verwahren.

Die Deutsche Gesellschaft für Psychiatrie und Nervenheilkunde (DGPN) als berufsständische Vertretung der Fachärzteschaft hatte daher massive Probleme mit einer Untersuchung, die einen vom Bundestag in Auftrag gegebenen Bericht über die Lage der Psychiatrie in der Bundesrepublik Deutschland erstellen sollte. Nur durch den Elan der sozialliberalen Reformära (s. Reumschüssel-Wienert 2021) und das Engagement einiger Universitätspsychiater der Nachkriegsfolgegeneration wie Heinz Häfner und Caspar Kulenkampff kam der Bericht zustande, der dann als Psychiatrie-Enquete Furore machte und die »elenden und menschenunwürdigen Zustände der psychiatrischen Anstalten« (Finzen 2009) anprangerte. Das große Verdienst der Psychiatrie-Enquete ist es, die Mängel der psychiatrischen Versorgung in das gesellschaftliche Bewusstsein gebracht zu haben, der Nachteil, dass vor allem die Institution des psychiatrischen Krankenhauses in den Blick genommen wurde und nicht die psychiatrische Praxis insgesamt. In der Folge wurde die Gleichstellung mit somatisch Kranken, eine der zentralen Forderungen der Psychiatrie-Enquete, im Sozialrecht lediglich für den Bereich der Behandlung erreicht, nicht aber für den Bereich der Rehabilitation. Während ambulante Maßnahmen der medizinischen Rehabilitation im Anschluss an die Krankenbehandlung bei somatisch erkrankten Menschen zunehmend die Teilhabe am gesellschaftlichen Leben ermöglichten, blieben sie Menschen mit schweren psychischen Erkrankungen verwehrt.

Die psychiatrische Fachwelt zerfiel in zwei Lager. Die traditionelle Psychiatrie konzentrierte sich auf die stationäre Versorgung in Krisenzeiten und die Weiterbehandlung durch niedergelassene Nervenärzte, die Sozialpsychiatrie bemühte sich in Form der therapeutischen Kette, die psychisch Kranken sukzessive in die Gemeinde zu begleiten. Dort angekommen, wurden sie jedoch in den seltensten Fällen in das gesellschaftliche Leben integriert, sodass Klaus Dörner (2010) feststellen musste, dass aus der Gemeindepsychiatrie eine Psychiatriegemeinde geworden ist.

Die Situation der Menschen mit psychischen Erkrankungen ist heute nicht mehr elend und menschenunwürdig, aber sie ist nach wie vor besorgniserregend. Über 200.000 psychisch kranke Menschen leben in betreuten Wohnformen der Eingliederungshilfe, die bis vor Kurzem noch über das Sozialhilfegesetz finanziert wurden. Ein sehr geringer Teil psychisch kranker Menschen mit rezidivierenden Psychosen oder anderen psychischen Erkrankungen arbeitet auf dem allgemeinen Arbeitsmarkt. Jungen psychisch kranken Menschen bleibt eine Berufsausbildung meist verwehrt und einem Teil bleibt sogar die Arbeit in einer Werkstatt für Behinderte vorenthalten.

Parallel zu der Psychiatriereform entwickelte sich die Selbsthilfe Psychiatrieerfahrener, die sich über lange Zeit einheitlich antipsychiatrisch positionierte. Erst nach der Auflösung der Langzeitstationen der psychiatrischen Krankenhäuser und der Einrichtung von psychiatrischen Abteilungen an Allgemeinkrankenhäusern differenzierte sich die Selbsthilfe aus und es entstand eine Richtung, die sich vornehmlich an der im englischsprachigen Raum entwickelten Recoverybewegung orientiert (Amering & Schmolke 2007; Zuaboni u.a. 2019).

Recovery wird von den psychiatrieerfahrenen Personen nicht als therapeutisches Konzept zur Heilung der psychischen Krankheit verstanden, sondern als aktive Auseinandersetzung mit der psychischen Beeinträchtigung und den eigenen Lebenszielen. Unter dem Leitsatz »Die Hoffnung trägt«, wie ein Buch mit Erfahrungsberichten überschrieben ist (Schulz & Zuaboni 2014), wird der ausschließliche Blick auf die Einschränkungen, die psychische Erkrankungen mit sich bringen können, infrage gestellt. Dem wird entgegengesetzt, dass Recovery Zeit braucht. Patricia Deegan beschreibt ihre Recovery als einen Prozess, der in zwei Stufen erfolgte: als 15-jährige Phase, um »ein solides Fundament für mein Leben in der Gegenwart zu schaffen« (Deegan 2019, S. 19), und eine anschließende Phase, in der »mein Recoveryprozess zum Selbsterforschungsprozess« (ebd.) wurde.

Patricia Deegan kam im Alter von 17 Jahren in psychiatrische Behandlung. Ihr wurde erklärt, Schizophrenie sei eine Erkrankung, die Diabetes ähnle. Ebenso wie der Diabetiker lebenslang auf Insulin angewiesen sei, müsse sie für den Rest ihres Lebens hochdosiertes Haldol genau nach Vorschrift einnehmen und Stress vermeiden. Sie hielt sich nicht an die Anweisung, Stress zu vermeiden, sondern ging weiterhin zur Schule und beendete trotz Rückschlägen und Krankenhausaufenthalten ihr Studium. Ihr Fazit ist, dass die Konzentration auf die Gegenwart entscheidend für ihre Recovery war: »Bevor du eine traumatische Vergangenheit betrachten kannst, musst du wissen, dass du eine Zukunft hast. Und der einzige Weg, einen ersten Blick auf eine mögliche Zukunft zu erspähen, besteht darin, mit beiden Füßen fest auf dem Boden der Gegenwart zu stehen« (Deegan 2019, S. 19). Nach 15 Jahren, in denen sich das Kindheitstrauma immer wieder in ihr Bewusstsein gedrängt und sie verunsichert hatte, fand sie eine Therapeutin, mit der sie einen intensiven Prozess der Selbstentdeckung durchlief. In diesem Prozess konnte sie das schizophrene Erleben als Schutzfaktor begreifen, der dazu beitrug, die richtige Balance im Leben zu finden.

Damit Recovery zu einem tragenden Konzept der Institutionen der seelischen Gesundheit werden kann, braucht es Konzepte, wie schwer psychisch erkrankte Menschen »ein solides Fundament« für das Leben in der Gegenwart entwickeln können. Sie benötigen Leistungen der Rehabilitation und Teilhabe. Das BTHG schafft dafür die sozialrechtlichen Grundlagen. Das Gesetz setzt exakt an dem Punkt an, der für Recovery zentral ist: nicht an der psychischen Krankheit mit ihrem Klassifikationssystem, der ICD, sondern an der UN-Behindertenrechtskonvention (UN-BRK) und dem biopsychosozialen Modell seelischer Gesundheit mit ihrem Klassifikationssystem von Teilhabeeinschränkungen und Teilhabefähigkeiten, der ICF.

Konsequenterweise wird im Gesetz explizit den besonderen Bedürfnissen von Menschen mit seelischen Behinderungen Rechnung getragen:

§ 1 SGB IX

Selbstbestimmung und Teilhabe am Leben in der Gemeinschaft
»Menschen mit Behinderungen oder von Behinderung bedrohte Menschen erhalten Leistungen nach diesem Buch und den für die Rehabilitationsträger geltenden Leistungsgesetzen, um ihre Selbstbestimmung und ihre volle, wirksame und gleichberechtigte Teilhabe am Leben in der Gesellschaft zu fördern (...). Dabei wird den besonderen Bedürfnissen von (...) Menschen mit seelischen Behinderungen (...) Rechnung getragen.«

Für das BTHG wie für die Recoverybewegung ist die UN-BRK die menschenrechtliche Grundlage. Nach Amering und Gmeiner (2019, S. 27) »kann Recovery also in gewissem Sinn auch als die praktische Anwendung der Grundprinzipien der Konvention betrachtet werden«.

Das durch das BTHG veränderte SGB IX in der Fassung ab dem 01.01.2018 regelt das Recht der Rehabilitation und Teilhabe für Menschen mit Behinderungen neu. Dieses Menschenrecht auf Teilhabe ist für den Recoveryprozess zentral. In der Versorgung von Menschen mit psychischen Beeinträchtigungen stehen jedoch bisher die Leistungen des SGB V der gesetzlichen Krankenversicherung (GKV) im Vordergrund. Das SGB V geht von der zielgerichteten Behandlung einer ärztlich diagnostizierten Krankheit nach anerkanntem Stand der medizinischen Erkenntnisse aus. Werden langfristig Hilfen zur Teilhabe am gesellschaftlichen Leben benötigt, waren Menschen mit schweren psychischen Beeinträchtigungen bislang auf Leistungen der Eingliederungshilfe im Rahmen der Sozialhilfe angewiesen.

Die eindrückliche Schilderung von Patricia Deegan zeigt, dass Recovery ein langer Weg mit dem Ziel der sukzessiven Gewinnung von Ich-Stärke ist. Die Weichenstellung erfolgt nach der ersten Klinikaufnahme und beginnt mit einer realistischen Zukunftsplanung. »Die Zukunft erspähen« (Deegan 2019, S. 19) verweist darauf, dass die Planung noch sehr vage sein kann und dass es zunächst um die banale Bewältigung des Alltags und notwendiger Entwicklungsschritte wie die Beendigung der Schulausbildung und das Erlernen eines Berufes geht. Mit der auf den Stärken und Ressourcen beruhenden Zukunftsplanung wird die Hoffnung als zentrales Merkmal von Recovery aufrechterhalten. Da aber die Bewältigung des Alltags Stress verursacht, benötigt eine psychisch beeinträchtigte Person Unterstützung von ihrem sozialen Umfeld und/oder von »gemeindenahen Unterstützungsdiensten« (Artikel 19b UN-BRK).

In Deutschland sind die Bürgerinnen und Bürger sozial sehr gut abgesichert, wenn ihre Entwicklung einen geregelten Verlauf nimmt. Die drei Säulen Krankenversicherung, Arbeitslosenversicherung und Rentenversicherung greifen bei sogenannten Normalbiografien. Erfährt die Entwicklung einen Bruch, gerät auch das soziale Sicherungssystem in Unordnung. Die Auflösung der psychiatrischen Anstalt, die Menschen mit schweren psychischen Erkrankungen zum Teil lebenslang Asyl geboten hat, führte zu einem Vakuum der sozialen Absicherung dieses Personenkreises. Die gesundheitlichen und sozialen Hilfen wurden nicht aufeinander abgestimmt. Die Psychiatrie-Enquete führte nur sehr eingeschränkt zu einer Gleichstellung mit somatisch erkrankten Menschen, da die schwer psychisch erkrankten Menschen auf die soziale Problematik reduziert wurden und ihre gesundheitliche Rehabilitation vernachlässigt wurde. Das änderte sich auch mit dem SGB IX aus dem Jahr 2001 nicht (s. S. 25). Erst das durch das BTHG geänderte SGB IX vom 01.01.2018 schafft die Möglichkeit, individuell erforderliche Rehabilitationsleistungen wie aus einer Hand aus den unterschiedlichen Sozialrechtssystemen zu verbinden.

Der Zugang zu den Leistungen der Rehabilitation und Teilhabe erfordert ein hohes Maß an Kenntnis über die Anwendung und Koordination der gesetzlichen Vorschriften. Die Gesetzesänderungen durch das BTHG machen es erforderlich, in jedem Einzelfall zwischen Erkrankung und Behinderung sowie zwischen Behandlung und Rehabilitation zu unterscheiden. Bei schweren psychischen Beeinträchtigungen ist von einer seelischen Behinderung auszugehen, sodass Teilhabebedarf und Teilhabeleistungen über das SGB IX ermittelt werden. Die psychiatrische Versorgung muss daher neben der ICD für die Behandlungsplanung die ICF für die Rehabilitations- und Teilhabeplanung anwenden (s. S. 34ff.).

In diesem Buch machen wir den Versuch, das komplizierte deutsche Sozialrechtssystem und die aus dem SGB IX erwachsenen Chancen für eine lebenslange Recovery vor dem Hintergrund der Lebens- und Krankengeschichte der Co-Autorin Sandra Dellmann zu beschreiben.

Das Buch ist in zwei Teile gegliedert. Im ersten Teil werden die Psychiatriereform in Deutschland und ihr Kampf mit dem gegliederten Sozialrechtssystem geschildert, das zu der unglücklichen Polarisierung in einen gesundheitlich-klinisch orientierten Teil und einen psychosozial-sozialraumorientierten Teil geführt hat. Das durch das BTHG geänderte SGB IX und seine neuen Vorschriften wird dabei als Chance herausgearbeitet, die sich seit der Psychiatriereform vollziehende Spaltung des Sozialrechtssystems zu überwinden.

Im zweiten Teil werden die neuen Vorschriften des SGB IX fiktiv auf die lebens- und krankheitsgeschichtliche Entwicklung von Sandra angewendet. Am Übergang von der Lebensgeschichte zur Krankheitsgeschichte werden die Möglichkeiten entfaltet, die sich aus Teil 1 des SGB IX ergeben, obgleich die Rehabilitationsträger ihre Leistungen noch nicht auf das Recht auf Teilhabe angepasst haben. Mit diesem Teil wollen wir Leistungserbringer – und vor allem auch Träger von psychiatrischen Kliniken – motivieren, entsprechende Konzepte zu entwickeln.

An dem Punkt, an dem sich die psychische Erkrankung zu einer wesentlichen Behinderung entwickelt hat und damit stationäre Hilfen der betreuten Wohnversorgung notwendig geworden sind, werden die neuen Chancen der Selbstbestimmung und Teilhabe entfaltet, die sich durch den Übergang der Leistungen der Eingliederungshilfe vom Sozialhilfegesetz SGB XII in Teil 2 des SGB IX ergeben.

Zwei Dinge werden dabei deutlich:

- Das SGB IX ist nicht auf Leistungen der Eingliederungshilfe beschränkt, sondern bezieht die GKV mit ein, die ihre Leistungen auch auf den Behinderungsbegriff abstellen muss.
- Nicht die Quantität der Hilfen ist für Menschen mit psychischen Beeinträchtigungen entscheidend, sondern die Qualität. Die passende Hilfe zum richtigen Zeitpunkt und die frühzeitige Unterstützung im sozialen Umfeld können dazu beitragen, dass die Krankheit die Lebensgeschichte nicht zur Krankengeschichte macht.

TEIL 1

Rückblick: Die historisch gewachsene Trennung von Akutbehandlung und Rehabilitation

Die Psychiatrie-Enquete beinhaltete ein großes Versprechen an die Menschen mit psychischen Erkrankungen: die Gleichstellung mit somatischen Erkrankungen. Für akute Erkrankungen und deren Behandlung ist dies weitgehend gelungen. Die psychiatrischen Landeskrankenhäuser wurden stark verkleinert und die Langzeitbereiche mit Enthospitalisierungsprogrammen aufgelöst. Die psychiatrischen Krankenhäuser, die sich nicht mehr in öffentlicher Hand befinden, konzentrierten sich auf Behandlungsleistungen, die mit der Personalverordnung Psychiatrie (PsychPV) entsprechend ausgestattet wurden. Und es entstanden psychiatrische Abteilungen an Allgemeinkrankenhäusern, die dazu betrugen, dass die sogenannten Standardversorgungsgebiete sich verkleinerten.

Nach § 39 SGB V wird die Krankenhausbehandlung »vollstationär, stationsäquivalent, teilstationär sowie ambulant erbracht«. Alle vier Behandlungsformen sind Formen der Krankenhausbehandlung nach § 39 SGB V, die den Betroffenen mehr Auswahlmöglichkeiten für die Akutbehandlung bieten und langfristig zu einer Erhöhung freier Entscheidungen für psychiatrische Behandlungen beitragen.

Doch die fundamentalen Veränderungen der Klinikbehandlung haben nicht zu einer Entstigmatisierung psychischer Erkrankung beigetragen. Sie haben vielmehr zu einer Spaltung in der öffentlichen Wahrnehmung geführt, wonach depressive Erkrankungen als einfühlbar gelten, während psychotische Erkrankungen weiter als nicht nachvollziehbar und gefährlich erscheinen. In den Medien wird regelmäßig berichtet, dass rational unerklärliche Straftaten dazu führen, dass die betroffene Person in die Psychiatrie eingewiesen werden muss. Dass die Einweisung aufgrund eines gerichtlichen Beschlusses erfolgt, geht dabei unter und in der öffentlichen Wahrnehmung erfolgt eine Gleichsetzung von psychiatrischen Kliniken mit Kliniken für forensische Psychiatrie und Psychotherapie. Für letztere sind nach wie vor die Bundesländer zuständig.

Das ist auch im Hinblick auf die Behandlungsdauer und -möglichkeiten irreführend. Eine Unterbringung im Maßregelvollzug erlaubt in der Regel einen therapeutischen Zugang zu den Patientinnen und Patienten, sie werden nicht einfach nur »verwahrt«. In den psychiatrischen Kliniken liegt die Behandlungsdauer inzwischen durchschnittlich bei gut 20 Tagen, wodurch lediglich eine gründliche Diagnostik, eine medikamentöse Einstellung zur Linderung der akuten Symptome einschließlich Psychoedukation sowie die Planung weiterer Hilfen möglich sind. Für psychotherapeutische Interventionen und rehabilitative Maßnahmen ist nicht nur die Zeit zu kurz, sondern auch die Aufnahmekapazität für Menschen mit schweren psychischen Erkrankungen im Sinne der S3-Leitlinie Psychosoziale Therapien (DGPPN 2019) zu gering. Die von der DGPPN nachhaltig geforderte Aufstockung der Personalkapazitäten würde diesem Personenkreis nicht entgegenkommen. Auch die vermehrte Nutzung der stationsäquivalenten Behandlung kommt an ihre Grenzen, da die Behandlung zwar in dem realen sozialen Umfeld der psychisch erkrankten Person stattfindet, die Behandlungsdauer jedoch nicht länger ist als im stationären Setting.

Die psychiatrische Krankenhausbehandlung läuft bei Menschen mit schweren psychischen Erkrankungen ins Leere. Es fehlt die unmittelbar einsetzende Anschlussrehabilitation, die unter Berücksichtigung der psychischen Funktionsbeeinträchtigungen die Teilhabe am gesellschaftlichen Leben fördert.

In den psychiatrischen Landeskliniken wurde dies auf sogenannten Rehabilitationsstationen versucht, wo multiprofessionelle Teams die Patientinnen und Patienten auf die Teilhabe am Leben in der Gesellschaft vorbereiten wollten. Diese Intervention war von mäßigem Erfolg gekrönt, wurde doch das Prinzip »first train, then place« angewandt, also zunächst z. B. die Vorbereitung durch Haushalt- und Kochtrainings in der Klinik und dann die Entlassung in die eigene Wohnung. Inzwischen wird zwar frühzeitig platziert, aber es fehlen Leistungen, mit denen die eigenständige Bewältigung des Alltags im sozialen Umfeld trainiert werden kann.

Versuche, die ambulante psychiatrische Pflege einzuführen, um diese Lücke zu schließen, gab es bereits im Anschluss an die Psychiatrie-Enquete (Schädle-Deininger 2021), sie führten jedoch bis heute bei Weitem nicht zu einer flächendeckenden Verbreitung der häuslichen psychiatrischen Krankenpflege als ambulanter Krisenintervention (s. S. 79 ff.).

Das Paradigma der therapeutischen Kette

Mit dem Abstand von bald 50 Jahren betrachtet war die Psychiatrie-Enquete ein ehrgeiziges und aufwendiges Unternehmen, das die Umgestaltung der psychiatrischen Versorgung aus der Logik der psychiatrischen Klinik anging und dabei zu einer technokratischen und bürokratischen Modernisierung der Anstalten wurde. Die gemeindepsychiatrische Versorgung war zwar eines der erklärten Ziele der Enquete, aber sie sollte von der klinischen Versorgung ausgehen und sich in Form einer therapeutischen Kette entfalten. Die Forderung der Auflösung der psychiatrischen Landeskliniken nach italienischem Vorbild, die von der Deutschen Gesellschaft für Soziale Psychiatrie (DGSP) 1980 gefordert wurde, war für das Sachverständigengremium der Enquete ein Tabubruch. Die Mehrheit der Sachverständigen waren Leiter von Universitätskliniken, in denen ausschließlich nicht chronifizierte psychisch erkrankte Personen mit guter Prognose auf Grundlage einer phänomenologisch-anthropologischen Psychiatrie behandelt wurden. Felicitas Söhner zeigt in einer eindrucksvollen Vernetzungskarte, dass der zentrale Ort der Akteure der Gemeindepsychiatrie in Heidelberg liegt, das wiederum mit den Orten Berlin, Hamburg, Freiburg und München verbunden war (Söhner 2020, S. 80). Eine zentrale Figur ist Heinz Häfner als stellvertretender Vorsitzender der Sachverständigenkommission und Direktor der Sozialpsychiatrischen Klinik Heidelberg. Häfners Ausgangspunkt vor der Enquete waren daseinsanalytische Untersuchungen. In einer ausführlichen Studie über Psychopathien sieht Thoma drei wichtige Aspekte Häfners für die Psychiatriereform: »Die Subjektorientierung, die Lebensweltorientierung der Professionellen gegenüber den Betroffenen sowie die Frage der intersubjektiven Genese ihres Leidens« (Thoma 2019, S. 217).

In den Universitätskliniken mag das ein tragfähiger Ansatz gewesen sein, schließlich existierte dort ein angemessener Personalschlüssel: Die meisten Landeskrankenhäuser waren von solchen Überlegungen weit entfernt. Sie kämpften mit zum Teil unvorstellbaren räumlichen und personellen Bedingungen. Für den Behandlungserfolg war vor allem entscheidend, dass die chronisch psychisch kranken Menschen die verordneten Psychopharmaka dauerhaft einnahmen und auf den Rehabilitationsstationen soziale Fertigkeiten über Kochgruppen und Beschäftigungstherapie angeeignet wurden. Auf dieser Grundlage sollte sich dann die therapeutische Kette entfalten und der Übergang von der vollstationären in die teilstationäre Klinikversorgung und von dort in die gemeindepsychiatrische Versorgung geleistet werden.

ABBILDUNG 1 Gemeindeintegrierte psychiatrische Angebote in der Psychiatrie-Enquete (vgl. Deutscher Bundestag 1975, S. 29)

GEMEINDEINTEGRIERTE PSYCHIATRISCHE ANGEBOTE					
Ambulante Dienste an Krankenhauseinrichtungen	**Halbstationäre Dienste**	**Stationäre Dienste**	**Komplementäre Dienste**	**Spezielle rehabilitative Dienste**	**Dienste für Behinderte**
— Ambulante Dienste an psychiatrischen Behandlungszentren — Psychotherapeutische / psychosomatische Polikliniken — Fachambulanzen	— Tageskliniken und Nachtkliniken — Tageskliniken und Nachtkliniken für besondere Patientengruppen	— Psychiatrische Abteilungen an Allgemeinkrankenhäusern — Psychotherapeutische / psychosomatische Abteilungen an psychiatrischen Krankenhäusern und Allgemeinkrankhäusern — Gerontopsychiatrische Abteilungen — Assessment-Unit für psychisch kranke alte Menschen	— Übergangsheime — Wohnheime für besondere Patientengruppen — Beschützende Wohngruppen und Wohnungen — Familienpflege — Tagesstätten — Patientenclubs — Einrichtungen für Schwerst- und Merhfachbehinderte	— Werkstätten für Behinderte — Beschützende Arbeitsplätze	— Einrichtungen zur Früherkennung, Frühdiagnose und Frühbehandlung — Sonderkindergärten — Sonderschulen — Sonderklassen — Wohnangebote Bildungs-, Freizeit- und Erholungsstätten

Im Rahmen des Modellprogramms der Bundesregierung wurden gemeindepsychiatrische Institutionen geschaffen, mit denen der Übergang gestaltet werden sollte: u.a. psychiatrische Institutsambulanzen, Sozialpsychiatrische Dienste, Tagesstätten und Übergangswohnheime. In dem Bundesmodellprogramm, an dem sich die Bundesländer Bayern, Baden-Württemberg und Hessen nicht beteiligten, wurde viel Geld ausgegeben, aber es fehlte – abgesehen von den Institutsambulanzen – der Transfer in das System der sozialrechtlich vorgesehenen Leistungen. Die Sozialpsychiatrischen Dienste wurden schließlich im Rahmen der Psychisch-Kranken-Gesetze von den Bundesländern finanziert. Sie stellten das Verbindungsglied zur staatlichen Fürsorge dar, indem sie hoheitliche Aufgaben übernahmen. Die Tagesstätten wurden als teilstationäre Angebote, die Übergangseinrichtungen als vollstationäre Angebote der Eingliederungshilfe (SGB XII) von den überörtlichen Sozialhilfeträgern übernommen.

Mit dem Modellprojekt »Rehabilitationseinrichtung für psychisch Kranke« (RPK) wurde im Jahre 1986 versucht, dem besonderen Rehabilitationsbedarf von Menschen mit schweren psychischen Erkrankungen gerecht zu werden und die Übergangseinrichtungen zu ersetzen. Entgegen der Logik des gegliederten Sozialrechtssystems wurde die RPK als Komplexleistung zur medizinisch-beruflichen Rehabilitation eingeführt. Aus diesem Grund wurde die RPK nicht in das SGB V aufgenommen, sondern mit einer Empfehlungsvereinbarung geregelt.

Die RPK-Verordnung stellt einen immensen Fortschritt in der psychiatrischen Versorgung dar. Erstmals wird die Komplexleistung der medizinisch-beruflichen Rehabilitation in einem einheitlichen Angebot erbracht. Allerdings wird die medizinische Prognose der Integration auf den allgemeinen Arbeitsmarkt nur bei einem sehr kleinen Teil schwer beeinträchtigter psychisch kranker Menschen gestellt. Für den Großteil des Personenkreises bleiben das Wohnheim der Eingliederungshilfe und die Werkstatt für behinderte Menschen das wichtigste Angebot.

Von der therapeutischen Kette zur Personenzentrierung: Der Bericht der Expertenkommission

Die Expertenkommission der Bundesregierung, die das Modellprojekt »Rehabilitationseinrichtung für psychisch Kranke« (RPK) auswertete, kam zu dem Schluss, dass sich die psychiatrische Akutversorgung zwar deutlich verbessert habe, die chronisch psychisch kranken Menschen jedoch weiterhin aus dem gesellschaftlichen Leben ausgeschlossen seien (BMJFFG 1988). Die psychiatrische Kette mit der Vorstellung der sukzessiven Verselbstständigung wurde aufgegeben. Es etablierte sich die Vorstellung, dass Menschen mit schweren psychischen Erkrankungen individuell auf sie zugeschnittene Hilfen benötigen, um im Anschluss an die Phase der akuten Erkrankung am gesellschaftlichen Leben teilhaben zu können. Ausgehend von der 1990 verabschiedeten PsychPV erhielt die Aktion Psychisch Kranke (APK) den Auftrag, in einem von 1992 bis 1996 geförderten Forschungsprojekt »Grundlagen zur Personalbemessung und die strukturellen Rahmenbedingungen für eine bedarfsgerechte Versorgung im ›ambulanten und komplementären Bereich‹ zu erarbeiten« (Kauder & Aktion Psychisch Kranke 1997, S. 9).

In diesem Projekt wurde der Integrierte Behandlungs- und Rehabilitationsplan (IBRP) zur Bedarfsermittlung und Personalbemessung für das Komplexleistungsprogramm »Sozialpsychiatrische Behandlung, Rehabilitation und Eingliederung« entwickelt. Suchtkranke und chronisch psychisch kranke Personen sollten »möglichst in ihrem selbst gewählten Lebensfeld integriert ihre Krankheit und deren Folgeprobleme bewältigen können« (ebd.).

Im Zentrum des Programms stand der »fachliche Begriff von Rehabilitation« (ebd., S. 11). Danach ist Rehabilitation der Prozess, mit dem eine behinderte Person in einem so weit als möglich normalen Umfeld den bestmöglichen Gebrauch von den ihr verbliebenen Fähigkeiten machen kann. In einer Anmerkung wird darauf verwiesen, dass der fachliche Begriff nicht dem kostentechnischen Begriff entspricht und es der Ansatz des Projekts war, personenzentrierte Ziele und Leistungen zu entwickeln. Die »leistungsrechtliche Zuordnung (medizinische und berufliche Rehabilitation und soziale Eingliederung) sei auf einer davon getrennten Ebene zu klären« (ebd.).

Der IBRP war der Versuch, die Personalbemessung auf Grundlage des individuellen Bedarfs für die Betreuung im Anschluss an die klinische Versorgung zu verwenden. Die PsychPV sollte auf die gemeindepsychiatrische Versorgung verlängert werden. Der IBRP ging von einem individuellen Hilfebedarf aus, operierte aber weiterhin mit dem medizinischen Störungsbegriff auf Basis des Störungsmodells der ICIDH (s. S. 32). Die Verbindung der Begriffe Behandlung und Rehabilitation in einem Instrument verweist auf den Versuch, die Akutbehandlung mit der längerfristigen Rehabilitation zu verknüpfen.

Die leistungsrechtliche Zuordnung der Rehabilitationsmaßnahmen wurde mit der Ambulanten Soziotherapie versucht. Die Ambulante Soziotherapie wurde im Jahr 1999 auf Grundlage der Evaluation des Modellprojekts »Ambulante Rehabilitation psychisch Kranker« der Spitzenverbände der Krankenkassen als § 37a in das SGB V aufgenommen (Melchinger 1999). Die Aufnahme in das SGB V erfolgte nur aufgrund der im Anhang präsentierten Auswertung über Einsparungen an stationären Kosten als Folge der Aufnahme von Patienten in die ambulante Soziotherapie (ebd., S. 83–106). Daran zeigt sich deutlich, dass die GKV nicht gewillt war, die Leistungen der ambulanten Rehabilitation entsprechend dem Modellprojekt der APK auszudehnen. Mit Ausnahme der Projekte zur Integrierten Versorgung und der Sondervereinbarung zur Erbringung der Leistung durch die Sozialpsychiatrischen Dienste in Baden-Württemberg ist es nur an wenigen Orten wie Berlin oder Bremen gelungen, die Leistungen der Ambulanten Soziotherapie in die gemeindepsychiatrische Regelversorgung aufzunehmen.

Organisation personenzentrierter Hilfen im gemeindepsychiatrischen Verbund

Mit Modellprojekten zur »Implementation des personenzentrierten Ansatzes in der psychiatrischen Versorgung« versuchte die APK den Nachweis zu erbringen, dass die leistungsrechtliche Umsetzung der Komplexleistung Rehabilitation und Eingliederung regional gelingen kann, wenn die Leistungserbringer verbindlich zusammenarbeiten. Im Zeitraum von 2000 bis 2003 wurden ein Bundesprojekt in den Regionen Mainz, Kaiserslautern, Kaufbeuren/Ostallgäu, München-Süd, Berlin-Reinickendorf und Gera sowie von 2001 bis 2006 Landesprojekte in Rheinland-Pfalz, Baden-Württemberg, Nordrhein-Westfalen und Hessen durchgeführt.

Die Projekte starteten mit einer regionalen Zielvereinbarung, deren zentrale Ausrichtung es war, Hilfeleistungen insbesondere für schwer und chronisch psychisch kranke Menschen zu verbessern. Dies sollte durch die Umgestaltung zu einem integrierten personenzentrierten regionalen Hilfesystem gelingen, in dem Lösungen gefunden werden für

- eine personenzentrierte Hilfeplanung,
- die Verbundentwicklung und -gestaltung,
- die Qualitätssicherung,
- die optimierte Nutzung vorhandener Ressourcen und ihre Steuerung.

Bei der Umgestaltung des Hilfesystems sollte auch die Anwendung der sozialrechtlichen Rahmenbedingungen berücksichtigt werden. Dies gelang nicht. In der Regel beteiligte sich lediglich der Sozialhilfeträger als zuständiger Träger ambulanter Leistungen der Eingliederungshilfe an dem Projekt. Ergebnis der Projekte waren die gute Zusammenarbeit zwischen Leistungserbringern und Leistungsträgern der Eingliederungshilfe und die damit verbundene Einführung eines gemeindepsychiatrischen Steuerungsgremiums und einer Hilfeplankonferenz. Ein Teil der Regionen schloss sich schließlich zu einer Bundesarbeitsgemeinschaft Gemeindepsychiatrischer Verbünde (BAG GPV) zusammen.

Parallel zu den Modellprojekten gab es zwei bedeutende Gesetzesänderungen, die durchaus Hoffnung auf eine Neuordnung der sozialrechtlichen

Rahmenbedingungen machten. Das Bundessozialhilfegesetz (BSHG) wurde zum 27.12.2003 in den Reigen der Sozialgesetzbücher eingefügt und damit zum zwölften Sozialgesetzbuch (SGB XII). Mit diesem Schritt wurde die getrennte Zuständigkeit für ambulante Leistungen der Eingliederungshilfe durch den örtlichen und die stationären Leistungen durch den überörtlichen Sozialhilfeträger aufgehoben. Zum 19.06.2001 war das SGB IX verabschiedet worden, das die Rehabilitation und Teilhabe behinderter Menschen regelt. Es umfasste in Teil 1 die Regelungen für behinderte und von Behinderung bedrohte Menschen und in Teil 2 die Besonderen Regelungen zur Teilhabe schwerbehinderter Menschen (Schwerbehindertenrecht). Teil 1 umfasste auch die Leistungen der Eingliederungshilfe als Leistungen zur Teilhabe am Leben in der Gemeinschaft, die nach SGB XII zu erbringen waren.

Das SGB IX war geeignet, den Zugang zu Leistungen der psychiatrischen Rehabilitation für alle Menschen mit psychischen Beeinträchtigungen zu realisieren. Die gesetzlichen Krankenkassen, die gesetzliche Rentenversicherung und die Bundesagentur für Arbeit wurden als Rehabilitationsträger benannt, die die Leistungen zur Teilhabe nach ihren geltenden Leistungsgesetzen erbringen sollten. Die Zuständigkeit und die Voraussetzungen für die Leistungen richteten sich nach den für den jeweiligen Rehabilitationsträger geltenden Leistungsgesetzen (§ 7 SGB IX vom 19.07.2001). So wurde den vorrangigen Rehabilitationsträgern das Tor geöffnet, die Leistungen an den Träger der Sozialhilfe zu verweisen. Das SGB XII hatte die Zweiteilung in örtlichen und überörtlichen Sozialhilfeträger aufgelöst und das SGB IX die Zuständigkeit für die Leistungen der Eingliederungshilfe an den Träger der Sozialhilfe verwiesen. Diese wurden als »Leistungen zur Teilhabe am Leben in der Gemeinschaft« in § 55 SGB IX vom 19.07.2001 festgeschrieben.

Die Sozialhilfeträger konnten sich nicht gegen die Verschiebung wehren, da das deutsche Sozialrechtssystem Leistungen der Eingliederungshilfe nur für Menschen mit wesentlichen Behinderungen vorsah. Die GKV und die gesetzliche Rentenversicherung argumentierten, dass Menschen mit schweren psychischen Erkrankungen in der Regel nicht die Voraussetzungen für Leistungen zur medizinischen Rehabilitation erfüllen. Wenn der Bedarf bestehe, um am Leben in der Gemeinschaft teilzuhaben, müsse der Sozialhilfeträger die Kosten übernehmen.

In der Folge wurde die Finanzierung aller nicht klinischen psychiatrischen Versorgungsleistungen zur Aufgabe der Eingliederungshilfe. In den meisten Bundesländern wurden z. B. mit den Sozialhilfeträgern Leistungsvereinbarungen für das ambulant Betreute Wohnen abgeschlossen. Der

Unterstützungsbedarf wurde in Bundesländern wie Nordrhein-Westfalen von dem Leistungserbringer durch eine individuelle Hilfeplanung mit Instrumenten ermittelt, die sich an dem IBRP orientierten. Besonders konsequent erfolgte dies in Berlin, wo durch 14 Hilfebedarfsgruppen die allermeisten Hilfen für Menschen mit wesentlicher seelischer Behinderung in ambulanter Form erbracht werden konnten (vgl. Rosemann 2006). Auch der Landeswohlfahrtsverband Hessen entwickelte ein tragfähiges Modell, bei dem der Individuelle Teilhabeplan (ITP) für die Festlegung und Finanzierung von personenzentrierten Leistungen der Eingliederungshilfe genutzt wurde (Breme u.a. 2007).

In der Folge stieg die Zahl der Empfänger von Leistungen der Eingliederungshilfe in betreuten Wohnformen sprunghaft an und erreichte für das Jahr 2017 erstmals eine Zahl, die höher lag als für Leistungsempfänger mit geistigen Behinderungen. Die Zahl der Leistungsempfänger in ambulant betreuten Wohnformen stieg exponentiell und führte im Bundesdurchschnitt zu einem Ambulantisierungsgrad von 72,5% bei Menschen mit wesentlicher seelischer Behinderung. Allerdings korrespondiert ein sehr hoher Ambulantisierungsgrad nur in Berlin (90,6%) mit einem unterdurchschnittlichen Anteil von Leistungsempfängern je 1000 Einwohner (1,8 zu 2,9). In einem Teil der Bundesländer liegt der Anteil der Leistungsempfänger je 1000 Einwohner in den gesamten betreuten Wohnformen deutlich höher als im Bundesdurchschnitt (BAGüS 2020).

Trotz der starken Zunahme ambulant betreuter Wohnformen führte dies nicht zu einer gleichberechtigten Teilhabe des Personenkreises der Menschen mit seelischen Behinderungen. Da die Leistungen der Eingliederungshilfe aus der Sozialhilfe finanziert wurden, mussten die leistungsberechtigten Personen einen Kostenbeitrag leisten, wenn sie über ein Einkommen oder Vermögen über 2500 € verfügten. Ein nicht unbeträchtlicher, wenn auch zahlenmäßig nicht bestimmbarer Teil der Menschen mit schweren psychischen Erkrankungen zog es vor, sich mit Hartz-IV-Bezug in die Wohnung oder die Familie zurückzuziehen und auf die Teilhabe am gesellschaftlichen Leben weitgehend zu verzichten (Stein & Stemmler 2017). Der Anteil der seelisch behinderten Leistungsempfänger in Beschäftigungsverhältnissen auf dem ersten Arbeitsmarkt war daher sehr gering. Ein Teil der arbeitsfähigen Leistungsberechtigten zog es vor, in der Werkstatt für behinderte Menschen (WfbM) zu arbeiten und keine Leistungen im Betreuten Wohnen zu beantragen.

Die Kosten der öffentlichen Hand, die für diesen Personenkreis aufgebracht werden mussten, stiegen hingegen immens. Durch die frühere Entlassung aus der psychiatrischen Klinik fand eine Kostenverschiebung von der

GKV auf die öffentliche Hand statt. Die Bundesländer reagierten alarmiert. Die Arbeits- und Sozialministerkonferenz (ASMK) forderte 2007 eine grundlegende Reform der Eingliederungshilfe, die an der erfolgreichen Umsetzung personenzentrierter Hilfen für Menschen mit seelischen Behinderungen ansetzen sollte. Als Resümee dieser spannenden Phase der Psychiatriereform ist festzuhalten, dass die Leistungserbringer vor allem auf Modellprogramme im Rahmen des SGB V, die Leistungsträger auf eine gesetzliche Änderung des Sozialhilferechts SGB XII setzten.

Vom personenzentrierten Ansatz der APK zur UN-BRK

Die Initiativen von ASMK und APK zur Implementation personenzentrierter Hilfen wurden im Jahr 2009 durch eine menschenrechtliche Initiative flankiert. Die Bundesregierung unterzeichnete das »Übereinkommen über die Rechte von Menschen mit Behinderungen«, kurz UN-Behindertenrechtskonvention (UN-BRK). Damit erhielt die UN-BRK einen Rechtsstatus und verpflichtete die Bundesregierung, die entsprechenden Gesetze an den Rechten der Menschen mit Behinderungen auszurichten. Die Frage der sozialrechtlichen Weiterentwicklung ist damit nicht mehr eine Angelegenheit von Leistungsträgern und Leistungserbringern, sondern erfordert die Partizipation der Betroffenen.

Artikel 1 UN-BRK

Zweck

»Zweck dieses Übereinkommens ist es, den vollen und gleichberechtigten Genuss aller Menschenrechte und Grundfreiheiten durch alle Menschen mit Behinderungen zu fördern, zu schützen und zu gewährleisten und die Achtung der ihnen innewohnenden Würde zu fördern.«

Damit war eine Reform der Eingliederungshilfe im Rahmen der Sozialhilfe keine Option mehr.

Mit Artikel 1 UN-BRK waren auch die Formen des Betreuten Wohnens hinfällig, in die Menschen mit psychischer Erkrankung nur wegen der stellvertretenden Entscheidung durch ihre rechtliche Betreuung gezogen waren. Artikel 19 der UN-BRK gibt im Hinblick auf den zentralen Bereich des Wohnens eine klare Vorgabe:

Artikel 19 UN-BRK

Unabhängige Lebensführung und Einbeziehung in die Gemeinschaft
Die Vertragsstaaten dieses Übereinkommens anerkennen das gleiche Recht aller Menschen mit Behinderungen, mit gleichen Wahlmöglichkeiten wie andere Menschen in der Gemeinschaft zu leben, und treffen wirksame und geeignete Maßnahmen, um Menschen mit Behinderungen den vollen Genuss dieses Rechts und ihre volle Einbeziehung in die Gemeinschaft und Teilhabe an der Gemeinschaft zu erleichtern, indem sie unter anderem gewährleisten, dass

1. Menschen mit Behinderungen gleichberechtigt die Möglichkeit haben, ihren Aufenthalt zu wählen und zu entscheiden, wo und mit wem sie leben, und nicht verpflichtet sind, in besonderen Wohnformen zu leben;
2. Menschen mit Behinderungen Zugang zu einer Reihe von gemeindenahen Unterstützungsdiensten zu Hause und in Einrichtungen haben, einschließlich der persönlichen Assistenz, die zur Unterstützung des Lebens in der Gemeinschaft sowie zur Verhinderung von Isolation und Absonderung von der Gemeinschaft notwendig ist;
3. gemeindenahe Dienstleistungen und Einrichtungen für die Allgemeinheit Menschen mit Behinderungen auf der Grundlage der Gleichberechtigung zur Verfügung stehen und ihren Bedürfnissen Rechnung tragen.

Auch wenn die deutsche Übersetzung die Sprache der Behindertenhilfe nutzt und »community« mit »Gemeinschaft« anstatt »Gemeinde«, »community services« mit »gemeindenahen Dienstleistungen« sowie »inclusion« mit »Einbeziehung« anstatt mit »Einschluss« übersetzt, kommt der Grundsatz klar zum Ausdruck: Es geht um Selbstbestimmung der Menschen mit Behinderung unabhängig von der Schwere ihrer Beeinträchtigung: Wo, wie und mit wem er wohnen will, ist Sache des Menschen mit Behinderung.

Der entscheidende, allerdings oft übersehene Artikel der UN-BRK für Menschen mit psychischen Beeinträchtigungen ist jedoch Artikel 26 Absatz 1.

Artikel 26 UN-BRK

Habilitation und Rehabilitation

(1) Die Vertragsstaaten treffen wirksame und geeignete Maßnahmen, einschließlich durch die Unterstützung durch andere Menschen mit Behinderungen, um Menschen mit Behinderungen in die Lage zu versetzen, ein Höchstmaß an Unabhängigkeit, umfassende körperliche, geistige, soziale und berufliche Fähigkeiten und die volle Teilhabe an allen Aspekten des Lebens zu erreichen und zu bewahren. Zu diesem Zweck organisieren, stärken und erweitern die Vertragsstaaten umfassende Habilitations- und Rehabilitationsdienste und -programme, insbesondere auf dem Gebiet der Gesundheit, der Beschäftigung, der Bildung und der Sozialdienste, und zwar so, dass diese Leistungen und Programme

1. im frühestmöglichen Stadium einsetzen und auf einer multidisziplinären Bewertung der individuellen Bedürfnisse und Stärken beruhen;
2. Unterstützung leisten, dass Partizipation an der und Inklusion in die Gemeinde und alle Aspekte der Gesellschaft freiwillig sind und Personen mit Behinderungen so nah als möglich ihrer Gemeinde zur Verfügung stehen, auch in ländlichen Gebieten (eigene Übersetzung der Autoren).

Mit dieser Vorschrift war für den Gesetzgeber klar, dass das Rehabilitationsrecht (SGB IX) dahingehend reformiert werden musste, dass die Leistungen der vorrangigen Rehabilitationsträger auch Menschen mit Behinderungen zugänglich gemacht werden müssen und dass bei dem Gesetzgebungsverfahren die Vertretungen der Menschen mit Behinderungen einzubeziehen sind. Das BTHG ist das erste deutsche Sozialgesetz, das in einem Beteiligungsverfahren zustande kam, wobei sich insbesondere Menschen mit Körper- und Sinnesbehinderungen engagierten. Das BTHG trägt den Titel »Gesetz zur Stärkung der Selbstbestimmung und Teilhabe von Menschen mit Behinderungen« und schafft mit dem SGB IX seit 01.01.2018 die Grundlage dafür, wie das Recht auf *alle* Rehabilitationsleistungen für Menschen mit Behinderungen umzusetzen ist.

Allerdings ist das Verhältnis der Menschen mit Psychiatrieerfahrung zu dem Behinderungsbegriff ein zutiefst ambivalentes. Und auch für viele psychiatrisch Tätige ist der Behinderungsbegriff nicht unproblematisch. Man muss ihn jedoch nutzen, wenn man sich auf die UN-BRK berufen will.

Von der psychischen Erkrankung zur seelischen Behinderung

In der Diskussion um Zwangsunterbringung und Zwangsbehandlung bezieht sich insbesondere der Bundesverband der Psychiatrie-Erfahrenen (BPE) auf Artikel 14 Absatz 1 der UN-BRK.

Artikel 14 UN-BRK

Freiheit und Sicherheit der Person

(1) Die Vertragsstaaten gewährleisten,

1. dass Menschen mit Behinderungen gleichberechtigt mit anderen das Recht auf persönliche Freiheit und Sicherheit genießen;
2. dass Menschen mit Behinderungen gleichberechtigt mit anderen das Recht auf Freiheit nicht rechtswidrig oder willkürlich entzogen wird, dass jede Freiheitsentziehung im Einklang mit dem Gesetz erfolgt und dass das Vorliegen einer Behinderung in keinem Fall eine Freiheitsentziehung rechtfertigt.

Der Grundsatz, dass das Vorliegen einer Behinderung in keinem Fall eine Freiheitsentziehung rechtfertigt, müsste Psychiatrieerfahrene motivieren, den Status einer Behinderung zu beantragen. Dass dem nicht so ist, liegt an der problematischen Konnotation des Behinderungsbegriffs, der von psychisch erkrankten Menschen als zusätzliche Stigmatisierung erlebt wird. An diesem Punkt treffen sie sich mit einem großen Teil der von ihnen als Zwangsknechte kritisierten Psychiater, für die die Trennung des Bereichs der psychiatrischen Versorgung von dem Bereich der Versorgung von Menschen mit geistigen Behinderungen einen großen Fortschritt bedeutete.

Das Festhalten am Krankheitsbegriff hat allerdings auch seine Tücken. Insbesondere der Begriff der chronischen psychischen Erkrankung, der vor allem für die Schizophrenie galt, wurde mit der Vorstellung eines kognitiven Defekts verbunden, der in der Zeit der Psychiatrie-Enquete als schizophrene Basisstörung in der Literatur auftaucht (Süllwold & Huber 1986). Die Schlussfolgerung war, dass chronisch Schizophrene keinem Stress ausgesetzt werden und sich daher – wie bei Patricia Deegan (s. S. 12 f.) – von schwierigen gesellschaftlichen Situationen fernhalten sollten.

Zu diesen Vorstellungen passt das Vulnerabilitäts-Stress-Modell, wonach psychische Erkrankungen genetisch verursacht sind und durch Stressfaktoren ausgelöst werden. Dem stellte der amerikanische Psychologe Joseph Zubin die Vulnerabilitätshypothese gegenüber, bei der es um die Überwindung des Modells der chronischen Schizophrenie geht. Zubin geht von einer Disposition zu psychischer Erkrankung durch ein Wechselspiel von biologischen, psychischen und sozialen Faktoren aus. Die Vulnerabilitätshypothese betrachtet »den Patienten als prinzipiell gesunden, von Zeit zu Zeit Krankheitsepisoden erleidenden Menschen«, der im Gegensatz zum biologischen Modell »nicht eine chronische Krankheit, sondern eine andauernde Vulnerabilität für diese Krankheit« hat (Zubin 1986, S. 32).

Die Vulnerabilitätshypothese von Zubin passt zu dem Begriff der Behinderung in der UN-BRK. Er ist geeignet, den Begriff der »schweren psychischen Erkrankung« der S3-Leitlinie Psychosoziale Therapien der Fachgesellschaft (DGPPN 2018) zu ersetzen. Das durch das BTHG geänderte SGB IX hat diesen Behinderungsbegriff der UN-BRK übernommen, ihn zur leistungsrechtlichen Abgrenzung jedoch um eine zeitliche Komponente ergänzt:

§ 2 SGB IX

Begriffsbestimmungen

(1) Menschen mit Behinderungen sind Menschen, die körperliche, seelische, geistige oder Sinnesbeeinträchtigungen haben, die sie in Wechselwirkung mit einstellungs- und umweltbedingten Barrieren an der gleichberechtigten Teilhabe in der Gesellschaft mit hoher Wahrscheinlichkeit länger als 6 Monate hindern können. Eine Beeinträchtigung nach Satz 1 liegt vor, wenn der Körper- und Gesundheitszustand von dem für das Lebensalter typischen Zustand abweicht. Menschen sind von Behinderung bedroht, wenn eine Beeinträchtigung nach Satz 1 zu erwarten ist.

Während das SGB IX bis 31.12.2017 die Behinderung über die ärztlich festgestellte Abweichung der seelischen Gesundheit von dem für das Lebensalter typischen Zustand definierte, geht das SGB IX ab 01.01.2018 von einer Wechselwirkung zwischen der seelischen Abweichung und Kontextfaktoren aus, die zu einer Einschränkung der Teilhabe = Behinderung führt. Es unterscheidet nun zwischen Behinderung und Beeinträchtigung, wobei die Beeinträchtigung personalisiert ist und von dem für das Lebensalter typischen Zustand abweichen muss, während die Behinderung nicht mehr personalisiert werden kann, sondern die Teilhabebeeinträchtigung beschreibt.

Damit ist auch klar, dass eine Behinderung auf keinen Fall von einer Diagnose abgeleitet werden kann und dass die Grundlage für medizinische

Diagnosen, die ICD, nicht zur Erfassung einer Behinderung taugt. An ihre Stelle rückte die Internationale Klassifikation der Funktionsfähigkeit, Behinderung und Gesundheit (ICF), die das Störungsmodell der International Classification of Impairments, Disabilities and Handicaps (ICIDH) ablöste.

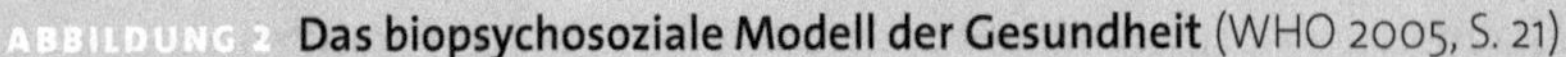

ABBILDUNG 2 Das biopsychosoziale Modell der Gesundheit (WHO 2005, S. 21)

Die mit einer Diagnose festgestellte psychische Erkrankung ist im SGB IX nicht mehr relevant für einen Anspruch auf Leistungen der Rehabilitation. Leistungen der Rehabilitation erhält, wer durch psychische Beeinträchtigungen sowie Prozesse der Stigmatisierung und Selbststigmatisierung an der gleichberechtigten Teilhabe gehindert wird. Der Mensch mit Behinderung wird damit in seiner Subjekthaftigkeit wahrgenommen und nicht auf seine Beeinträchtigung reduziert. Sein Bedarf ergibt sich nicht aus der Erkrankung, sondern wird auf Grundlage seiner Fähigkeiten und Teilhabebeeinträchtigungen ermittelt.

Die Leistungen zur medizinischen Rehabilitation sowie zur Teilhabe am Arbeitsleben und zur Bildung werden entsprechend dem individuellen Bedarf zur (Wieder-)Eingliederung in das Arbeitsleben erbracht, die Leistungen der Sozialen Teilhabe im Rahmen der Eingliederungshilfe, um die eigenständige Bewältigung des Alltags sicherzustellen. Damit wird eine mobile Leistungserbringung unabhängig von der Schwere der Erkrankung oder Behinderung ermöglicht.

Aufgabe der Eingliederungshilfe ist es nach § 90 SGB IX, Leistungsberechtigten eine individuelle Lebensführung zu ermöglichen, die der Würde des Menschen entspricht, und die volle, wirksame und gleichberechtigte Teilhabe am Leben in der Gesellschaft zu fördern.

§ 90 SGB IX

(1) Aufgabe der Eingliederungshilfe ist es, Leistungsberechtigten eine individuelle Lebensführung zu ermöglichen, die der Würde des Menschen entspricht, und die volle, wirksame und gleichberechtigte Teilhabe am Leben in der Gesellschaft zu fördern. Die Leistung soll sie befähigen, ihre Lebensplanung und -führung möglichst selbstbestimmt und eigenverantwortlich wahrnehmen zu können.

(2) Besondere Aufgabe der medizinischen Rehabilitation ist es, eine Beeinträchtigung nach § 99 Absatz 1 abzuwenden, zu beseitigen, zu mindern, auszugleichen, eine Verschlimmerung zu verhüten oder die Leistungsberechtigten so weit wie möglich unabhängig von Pflege zu machen.

(3) Besondere Aufgabe der Teilhabe am Arbeitsleben ist es, die Aufnahme, Ausübung und Sicherung einer der Eignung und Neigung der Leistungsberechtigten entsprechenden Beschäftigung sowie die Weiterentwicklung ihrer Leistungsfähigkeit und Persönlichkeit zu fördern.

(4) Besondere Aufgabe der Teilhabe an Bildung ist es, Leistungsberechtigten eine ihren Fähigkeiten und Leistungen entsprechende Schulbildung und schulische und hochschulische Aus- und Weiterbildung für einen Beruf zur Förderung ihrer Teilhabe am Leben in der Gesellschaft zu ermöglichen.

(5) Besondere Aufgabe der Sozialen Teilhabe ist es, die gleichberechtigte Teilhabe am Leben in der Gemeinschaft zu ermöglichen oder zu erleichtern.

Ein neuer Ansatzpunkt: Funktionsfähigkeiten und Teilhabeeinschränkungen nach ICF

Die ICF ist zwar als Klassifikationssystem von der WHO konzipiert, sie ist aber vor allem geeignet, eine Behinderung auf Grundlage des im SGB IX ab 01.01.2018 verwendeten Behinderungsbegriffs festzustellen. Entsprechend des biopsychosozialen Modells von Gesundheit ist dabei die Beeinträchtigung der Teilhabe am gesellschaftlichen Leben (Behinderung) über folgende vier Komponenten zu erheben:

- Körperfunktionen und -strukturen (WHO 2005, S. 39–154),
- Aktivitäten und Partizipation (ebd., S. 155–217),
- Umweltfaktoren (ebd., S. 218–265),
- personbezogene Faktoren (nicht klassifiziert).

Für die Ermittlung der Leistungen der Eingliederungshilfe nach Teil 2 SGB IX ist die Orientierung an der ICF explizit vorgeschrieben. Orientierung bedeutet, dass nicht das Klassifikationssystem selbst genutzt wird, sondern dass die Instrumente, mit denen die Teilhabebeeinträchtigung als Wechselwirkung zwischen der Beeinträchtigung der Körperfunktionen und der Kontextfaktoren erfasst werden, sich an der ICF ausrichten.

Körperfunktionen und -strukturen

Bei Menschen mit psychischen Erkrankungen ist bei der Komponente Körperfunktionen und -strukturen das Kapitel 1 der ICF »Mentale Funktionen« relevant (s. Abbildung 3). Das Kapitel ist aufgeteilt in globale mentale Funktionen und spezifische mentale Funktionen. Mit der spezifischen Beschreibung der mentalen Funktionen können sowohl Stärken und Fähigkeiten der Person, die durch die psychische Erkrankung verschüttet sind, als auch Beeinträchtigungen differenziert erfasst werden. Die Beeinträchtigungen entsprechen den »seelischen Beeinträchtigungen«, die in § 2 SGB IX in Absatz 1 als eine Art der Behinderung definiert werden. Die Stärken und Fähigkeiten geben die persönlichen Ressourcen wieder, die zur Bewältigung der Beeinträchtigungen benötigt werden und unter die personbezogenen Faktoren fallen (S. 40).

ABBILDUNG 3 Mentale Funktionen der ICF

MENTALE FUNKTIONEN	
Globale mentale Funktionen (b110–b139)	**Spezifische mentale Funktionen (b140–b189)**
b110 Funktionen des Bewusstseins	b140 Funktionen der Aufmerksamkeit
b114 Funktionen der Orientierung	b144 Funktionen des Gedächtnisses
b117 Funktionen der Intelligenz	b147 Psychomotorische Funktionen
b122 Globale psychosoziale Funktionen	b152 Emotionale Funktionen
b126 Funktionen von Temperament und Persönlichkeit	b156 Funktionen der Wahrnehmung
b130 Funktionen der psychischen Energie und des Antriebs	b160 Funktionen des Denkens
b134 Funktionen des Schlafes	b164 Höhere kognitive Funktionen
b139 Globale mentale Funktionen, anders oder nicht näher bezeichnet	b167 Kognitiv-sprachliche Funktionen
	b172 Das Rechnen betreffende Funktionen
	b176 Mentale Funktionen, die die Durchführung komplexer Bewegungshandlungen betreffen
	b180 Die Selbstwahrnehmung und die Zeitwahrnehmung betreffende Funktionen
	b189 Spezielle mentale Funktionen, anders oder nicht näher bezeichnet
	b198 Mentale Funktionen, anders bezeichnet
	b199 Mentale Funktionen, nicht näher bezeichnet

Aktivitäten und Partizipation (Teilhabe)

Die neun Kapitel der Komponente Aktivitäten und Partizipation (Teilhabe) der ICF werden in § 118 SGB IX als Lebensbereiche bezeichnet. Das ist etwas irreführend, denn die meisten Kapitel beinhalten Fähigkeiten oder Handlungskompetenzen, die für verschiedene Lebensbereiche relevant sind.

Eine Aktivität bezeichnet nach der ICF die Durchführung einer Aufgabe oder Handlung durch eine Person, die Beeinträchtigung der Aktivität

ABBILDUNG 4 Die neun Kapitel der Komponente »Aktivitäten und Partizipation (Teilhabe)«

1. **Lernen und Wissensanwendung**
   d 115 Zuhören
   d 120 andere sinnliche Wahrnehmungen
   d 155 sich Fertigkeiten aneignen
   d 160 Aufmerksamkeit fokussieren
   d 163 Denken
   d 175 Probleme lösen
   d 177 Entscheidungen treffen

2. **Aufgaben und Anforderungen**
   d 210 Einzelaufgaben übernehmen
   d 220 Mehrfachaufgaben übernehmen
   d 230 tägliche Routine durchführen
   d 240 mit Stress und sonstigen psychischen Anforderungen umgehen

3. **Kommunikation**
   d 310 – d 329 Kommunizieren als Empfänger
   d 330 – d349 Kommunizieren als Sender
   d 350 Konversation
   d 355 Diskussion
   d 360 Kommunikationsgeräte und -techniken benutzen

4. **Mobilität**
   d 460 sich in verschiedenen Umgebungen fortbewegen
   d 470 Transportmittel benutzen
   d 475 Fahrzeuge fahren

5. **Selbstversorgung**
   d 510 sich waschen
   d 520 seine Körperteile pflegen
   d 530 Toilette benutzen
   d 540 sich kleiden
   d 550 Essen
   d 560 Trinken
   d 570 auf seine Gesundheit achten

der ICF mit einigen Funktionen

6. Häusliches Leben

d 610 Wohnraum beschaffen
d 620 Waren und Dienstleistungen des täglichen Bedarfs beschaffen
d 630 Mahlzeiten vorbereiten
d 640 Hausarbeiten erledigen
d 650 Haushaltsgegenstände pflegen
d 660 anderen helfen

7. Interpersonelle Interaktionen und Beziehungen

d 710 elementare interpersonelle Aktivitäten
d 720 komplexe interpersonelle Interaktion
d 730 mit Fremden umgehen
d 740 formelle Beziehungen
d 750 informelle Beziehungen

8. Bedeutende Lebensbereiche

d 810 informelle Bildung (z. B. handwerkliches Geschick)
d 825 theoretische Berufsausbildung
d 830 höhere Bildung und Ausbildung
d 840 Vorbereitung auf Erwerbstätigkeit
d 845 Arbeit erhalten, behalten und beenden
d 850 bezahlte Tätigkeit
d 855 unbezahlte Tätigkeit
d 860 elementare wirtschaftliche Transaktionen
d 865 komplexe wirtschaftliche Transaktionen
d 870 wirtschaftliche Eigenständigkeit

9. Gemeinschaftliches, soziales und staatsbürgerliches Leben

d 910 Gemeinschaftsleben (z. B. Feiern)
d 920 Erholung und Freizeit
d 930 Beteiligung an religiösen und spirituellen Aktivitäten
d 950 Politisches Leben und Staatsbürgerschaft

Partizipation (Teilhabe) wird als Einbezogensein in eine Lebenssituation definiert, die Beeinträchtigungen der Teilhabe als Probleme, die die Person beim Einbezogensein in eine Lebenssituation erlebt. Teilhabe wird damit als subjektive Komponente definiert. Der Hilfebedarf zur Teilhabe ergibt sich damit nur für die Aktivitäten, mit denen die leistungsberechtigte Person sich in Lebenssituationen einbringen möchte.

Die Bereiche der Aktivitäten und Partizipation (Teilhabe) werden in der ICF unabhängig vom kulturellen Kontext beschrieben. Sie können daher je nach Lebenswelt eine unterschiedliche Bedeutung haben. So ist der Besitz eines Führerscheins und eines Kraftfahrzeugs in ländlichen Gebieten wichtiger als in der Großstadt, während es dort ein großer Vorteil sein kann, sich sicher auf dem Fahrrad bewegen zu können. Gleichwohl sind gewisse Probleme in den Begrifflichkeiten – und in der Übersetzung – offensichtlich. So ist eine inhaltliche Überschneidung der Kapitel 3 »Kommunikation« und Kapitel 7 »Interpersonelle Interaktionen« nicht zu übersehen. Kommunikation ist ohne Interaktion nicht zu denken. Auch dass sich der für psychische Erkrankungen zentrale Begriff des Umgangs mit Stress in dem Kapitel »Allgemeine Aufgaben und Anforderungen« findet, würde man nicht auf Anhieb vermuten. Es ist daher hilfreich, eine Übersicht der Komponente Aktivitäten und Partizipation (Teilhabe) bei der Teilhabeplanung stets zur Hand zu haben.

Umweltfaktoren

Die Umweltfaktoren wurden in der Vergangenheit kaum beachtet und fanden keinen Eingang in die Instrumente zur Hilfeplanung. In dem Modell der ICF spielen sie eine zentrale Rolle, da erst durch sie beurteilt werden kann, in welchem Ausmaß die Beeinträchtigungen der Körperfunktionen zu Teilhabebeeinträchtigungen führen.

Die Komponente Umweltfaktoren der ICF bildet »die materielle, soziale und einstellungsbezogene Umwelt [ab], in der Menschen leben und ihr Dasein erfüllen« (WHO 2005, S. 218). Die Umweltfaktoren können Barrieren oder Förderfaktoren sein und werden entsprechend klassifiziert. In der Bedarfsermittlung nach § 118 SGB IX werden sie nicht klassifiziert, sondern in der subjektiven Bewertung der leistungsberechtigten Person erhoben. Die Erfassung ist wichtig, um festzustellen, ob eine Behinderung oder eine wesentliche Behinderung vorliegt und ob es Förderfaktoren gibt, die geeignet sind, Beeinträchtigungen der Aktivitäten und Teilhabe zu kompensieren.

ABBILDUNG 5 Umweltfaktoren der ICF mit ausgewählten Items

UMWELTFAKTOREN				
Produkte und Technologien (e110–199)	**Natürliche und vom Menschen veränderte Umwelt (e210–299)**	**Unterstützung und Beziehungen (e310–399)**	**Einstellungen (e410–499)**	**Dienste, Systeme und Handlungsgrundsätze (e510–599)**
— e115 Produkte und Technologien zum persönlichen Gebrauch im täglichen Leben — e120 Produkte und Technologien zur persönlichen Mobilität drinnen und draußen und zum Transport — e125 Produkte und Technologien zur Kommunikation — e130 Produkte und Technologien für Bildung / Ausbildung — e135 Produkte und Technologien für die Erwerbstätigkeit — e140 Produkte und Technologien für Kultur, Freizeit und Sport — e145 Produkte und Technologien zur Ausübung von Religion und Spiritualität — e160 Produkte und Technologien der Flächennutzung — e165 Vermögenswerte	— e210 Physikalische Geographie — e215 Bevölkerung — e220 Flora und Fauna — e225 Klima — e230 Natürliche Ereignisse — e235 Vom Menschen verursachte Ereignisse — e240 Licht — e245 Zeitbezogene Veränderungen — e250 Laute und Geräusche — e255 Schwingung — e260 Luftqualität	— e310 Engster Familienkreis — e315 Erweiterter Familienkreis — e320 Freunde — e325 Bekannte, Seinesgleichen (Peers), Kollegen, Nachbarn und andere Gemeindemitglieder — e330 Autoritätspersonen — e335 Untergebene — e340 Persönliche Hilfs- und Pflegepersonen — e345 Fremde — e350 Domestizierte Tiere — e355 Fachleute der Gesundheitsberufe	— e410 Individuelle Einstellungen der Mitglieder des engsten Familienkreises — e415 Individuelle Einstellungen der Mitglieder des erweiterten Familienkreises — e420 Individuelle Einstellungen von Freunden — e425 Individuelle Einstellungen von Bekannten, Seinesgleichen (Peers), Kollegen, Nachbarn und anderen Gemeindemitgliedern — e430 Individuelle Einstellungen von Autoritätspersonen — e440 Individuelle Einstellungen von persönlichen Hilfs- und Pflegepersonen — e445 Individuelle Einstellungen von Fremden — e450 Individuelle Einstellungen von Fachleuten der Gesundheitsberufe — e460 Gesellschaftliche Einstellungen — e465 Gesellschaftliche Normen, Konventionen und Weltanschauungen	— e525 Dienste, Systeme und Handlungsgrundsätze des Wohnungswesens — e535 Dienste, Systeme und Handlungsgrundsätze des Kommunikationswesens — e540 Dienste, Systeme und Handlungsgrundsätze des Transportwesens — e560 Dienste, Systeme und Handlungsgrundsätze des Medienwesens — e570 Dienste, Systeme und Handlungsgrundsätze der sozialen Sicherheit — e580 Dienste, Systeme und Handlungsgrundsätze des Gesundheitswesens — e585 Dienste, Systeme und Handlungsgrundsätze des Bildungs- und Ausbildungswesens — e590 Dienste, Systeme und Handlungsgrundsätze des Arbeits- und Beschäftigungswesens — e595 Dienste, Systeme und Handlungsgrundsätze der Politik

Personbezogene Faktoren

Die personbezogenen Faktoren umfassen »Geschlecht, ethnische Herkunft, Alter, Fitness, Lebensstil, Gewohnheiten, Bewältigungsstile und andere derartige Faktoren«, (WHO 2005, S. 23), die nach Vorstellung der ICF-Autorinnen und -Autoren nichts mit dem Gesundheitsproblem der betroffenen Person zu tun haben. Sie werden in der ICF nicht klassifiziert, sondern sind in der ICF lediglich angeführt.

»*Personbezogene Faktoren* sind der spezielle Hintergrund des Lebens und der Lebensführung eines Menschen und umfassen Gegebenheiten des Menschen, die nicht Teil ihres Gesundheitsproblems oder -zustands sind. Diese Faktoren können Geschlecht, ethnische Zugehörigkeit, Alter, andere Gesundheitsprobleme, Fitness, Lebensstil, Gewohnheiten, Erziehung, Bewältigungsstile, sozialer Hintergrund, Bildung und Ausbildung, Beruf sowie vergangene oder gegenwärtige Erfahrungen (vergangene oder gegenwärtige Erlebnisse), allgemeine Verhaltensmuster und Charakter, individuelles psychisches Leistungsvermögen und andere Merkmale umfassen, die in ihrer Gesamtheit oder einzeln bei Behinderung auf jeder Ebene eine Rolle spielen können. Personbezogene Faktoren sind nicht in der ICF klassifiziert. Sie sind jedoch Abbildung 1 (= Abbildung 2 in diesem Buch, Anmerkung der Autoren) mitaufgenommen, um ihren Beitrag zu zeigen, der einen Einfluss auf die Ergebnisse der verschiedenen Interventionen haben kann.« (WHO 2015, S. 20, Hervorhebung im Original)

Eine Gruppe von Rehabilitationswissenschaftlern hat einen Fragebogen entwickelt, mit dem die personbezogenen Faktoren systematisch erfasst werden können (Grotkamp u.a. 2020). Diese werden in fünf Kapiteln aufgelistet und definiert: allgemeine Merkmale der Person, physische Faktoren, mentale Faktoren, Einstellungen, Handlungskompetenzen und Gewohnheiten sowie Lebenslage. Die allgemeinen Merkmale einer Person (Alter und Geschlecht) sowie physikalische Merkmale (Größe, Kraft usw.) sind einfach zu erheben. Einstellungen, Handlungskompetenzen und Gewohnheiten ergeben sich bei der Erfassung der Aktivitäten, die Lebenslage aus der biografischen Rekonstruktion. Die mentalen Funktionen müssen bei Menschen mit seelischer und geistiger Beeinträchtigung im Rahmen der mentalen Funktionen erhoben werden. Es ist dabei darauf zu achten, Beeinträchtigungen *und* Ressourcen zu erfassen.

Für Menschen mit psychischen Erkrankungen stehen Faktoren wie Einstellungen, Handlungskompetenzen und Gewohnheiten sowie die Lebenslage (ebd., S. 11) hingegen in engem Zusammenhang mit ihrem Gesundheitsproblem. Daher leistet die oberflächliche Auflistung der in fünf Kapiteln aufgelisteten Faktoren bei Personen mit seelischen Behinderungen keinen wesentlichen Beitrag zur Bedarfsermittlung. Die lebensgeschichtliche Rekonstruktion bietet hingegen eine gute Grundlage für die Beurteilung der Persönlichkeit unabhängig von dem Gesundheitsproblem.

Exkurs: Lebensgeschichte und psychische Erkrankung

Die Lebensgeschichte ist aus der psychiatrischen Versorgung nahezu verschwunden. Dabei galt sie einmal als Zentrum der gesamten Medizin: Nach Viktor von Weizsäcker führt jede Krankheit zur Lebensgeschichte. Die sogenannte Sozialanamnese, die in den Krankenakten nach dem Zweiten Weltkrieg oft sehr ausführlich war, hat nach Einführung der Psychopharmaka und verstärkt ab dem »Jahrzehnt des Gehirns« verschiedensten apparativen Untersuchungen Platz gemacht. Für die immer differenziertere Diagnosestellung genügen körperliche Parameter und die Beschreibung der Symptomatik einschließlich der Beschreibung der Probleme für das soziale Umfeld. Inwiefern diese Vorgehensweise zur Bewältigung der psychischen Problematik beiträgt, bleibt das Geheimnis der biologisch orientierten Psychiatrie (Weinmann 2019).

Als Argument für die Vernachlässigung der Lebensgeschichte wird die mangelnde Zeit ins Feld geführt, insbesondere die immer stärker werdende Dokumentationspflicht. Das ist nicht von der Hand zu weisen. Allerdings zeigt die psychiatrische Praxis mit dieser Ignoranz, dass der Satz von Klaus Dörner »Psychiatrie ist soziale Psychiatrie oder sie ist keine Psychiatrie« zwar von den heutigen Akteuren im Munde geführt wird, aber nicht den Weg in die tägliche Arbeit gefunden hat. Die »soziale Amnesie«, die Russell Jacoby (1980) anhand der Kritik der Psychoanalyse diagnostiziert hat, wirkt trotz der Durchsetzung sozialpsychiatrischen Denkens.

Dabei entwickelte sich der lebens- und familiengeschichtliche Ansatz der Psychiatrie aus einer Theorie, die in der psychiatrischen Diskussion eine erstaunliche Aktualität erfahren hat: der Theorie einer psychischen Erkrankung als Verlust der natürlichen Selbstverständlichkeit, formuliert von Wolfgang Blankenburg (Bock & Heinz 2016).

In der Theorie des Verlusts der natürlichen Selbstverständlichkeit hebt Wolfgang Blankenburg das Verhältnis seiner Patientin Anne Rau zu ihrer Familie hervor: »Was fehlt mir eigentlich? So etwas Kleines, so komisch, etwas Wichtiges, ohne das man aber nicht leben kann. Zu Hause bei Mutti war ich menschlich nicht dabei. Ich war nicht gewachsen.« (Blankenburg 2012, S. 59). Der Verlust der natürlichen Selbstverständlichkeit kann somit als schizophrene Basisstörung verstanden werden – allerdings nicht im biologisch-genetischen Sinne, sondern als Ergebnis des Sozialisationsprozesses in der Familie, für den »Mutti« steht (Konrad 2020a).

In mehreren Forschungsprojekten Blankenburgs zusammen mit dem Soziologen Bruno Hildenbrand wurde das Zusammenspiel von Schizophrenie und Familie auf der Ebene eines lebensweltlichen Ansatzes dargestellt. Als zentrales Strukturproblem bei Familien Schizophrener wurde die Innen-Außen-Vermittlung identifiziert und es wurden durch Typenbildung drei Familienmilieus gefunden (Hildenbrand 1991).

Entsprechend den unterschiedlichen Familienmilieus wurden unterschiedliche Schwierigkeiten der Ablösung identifiziert, die bei strukturähnlichen Familien ohne schizophrene Krise erfolgte. Letztere konnten die widersprüchliche Einheit von Tradition und Moderne besser bewältigen. Bei schizophrenen Entwicklungen konnte der in der Familie angelegte Widerspruch zwischen Tradition und Moderne nicht aufgelöst werden und führte zu einer »beschädigten Identität« (Goffman 1975).

Bruno Hildenbrand hat bis heute den lebensgeschichtlichen Zusammenhang psychischer Erkrankung in lebensweltlicher Perspektive herausgearbeitet. Die Essenz ist folgendem Satz zu entnehmen: »Der Begriff der Krankengeschichte ist reduktionistisch, da er die Person auf ihre Krankheit reduziert. Aber auch der Begriff der Lebensgeschichte ist reduktionistisch, insofern er die Person von ihrer Lebenswelt trennt« (Hildenbrand 2021a, S. 4).

Da Re-Habilitation nicht nur die Entwicklung von Fähigkeiten, sondern immer auch die Wiederaneignung persönlicher Identität bedeutet, ist die Erkundung der Lebensgeschichte vor dem jeweiligen Hintergrund unabdingbar. In einigen Kliniken der forensischen Psychiatrie und Psychotherapie, die nicht dem Entlassungsdruck der psychiatrischen Kiniken unterliegen, wird die Lebensgeschichte mithilfe einer ausführlichen Genogrammanalyse (Hildenbrand 2015) durchgeführt. Im Rahmen der Erhebung personbezogener Daten ist eine gründliche lebensgeschichtliche Anamnese ausreichend. Sie sollte bei einer komplexen Fallkonstellation von der Klinik oder dem Sozialpsychiatrischen Dienst mit der leistungsberechtigten Person erstellt werden. Im

Rehabilitationprozess kann die ausführliche lebensgeschichtliche Analyse ein Teil der Assistenzleistung zur persönlichen Lebensplanung sein (s. S. 52 ff.).

Das neue SGB IX: Medizinische und berufliche Rehabilitation wie aus einer Hand ermöglichen

Das Bundesteilhabegesetz (BTHG) führte zu einer umfassenden Erneuerung des SGB IX. Es gewährt Menschen mit Behinderungen den Zugang zu Leistungen der medizinischen und beruflichen Rehabilitation sowie zu Leistungen zur Teilhabe an Bildung von den dafür zuständigen Rehabilitationsträgern. Menschen mit wesentlichen Behinderungen haben Zugang zu Leistungen der Eingliederungshilfe, für die Teil 2 SGB IX das Leistungsgesetz ist. Das SGB IX ab 01.01.2018 stellt die Grundlage her, um die erforderlichen Leistungen der Rehabilitation und der Sozialen Teilhabe »wie aus einer Hand« auf der Basis des geänderten Behinderungsbegriffs zu erbringen. Die personenzentrierte sektorenübergreifende Leistungserbringung hat damit das sozialrechtliche Fundament, das von der APK schon im Rahmen ihrer Modellprogramme angestrebt wurde (Rosemann & Konrad 2020).

Die Intention des Gesetzgebers, nämlich die Verbesserung des Versorgungssystems für Menschen mit seelischer Behinderung bei gleichzeitigen Einsparungen der öffentlichen Hand, kann gelingen, wenn das SGB IX nicht auf die Leistungen der Eingliederungshilfe reduziert wird. Die Gefahr ist groß, da die Eingliederungshilfe die einzige Rehabilitationsleistung ist, die das SGB IX regelt. Die Leistungsvoraussetzungen der anderen Rehabilitationsleistungen ergeben sich aus deren Sozialgesetzen: die medizinische Rehabilitation aus dem SGB V, die berufliche Rehabilitation aus dem SGB VI. Der Gesetzgeber hat jedoch aus den Problemen der leistungsträgerübergreifenden Rehabilitation des SGB IX bis 31.12.2017 gelernt und in § 7 SGB IX eine Klarstellung eingefügt:

§ 7 SGB IX

Vorbehalt abweichender Regelungen

(1) Die Vorschriften im Teil 1 gelten für die Leistungen zur Teilhabe, soweit sich aus den für den jeweiligen Rehabilitationsträger geltenden Leistungsgesetzen nichts Abweichendes ergibt. Die Zuständigkeit und die Voraussetzungen für die Leistungen zur Teilhabe richten sich nach den für den jeweiligen

Rehabilitationsträger geltenden Leistungsgesetzen. Das Recht der Eingliederungshilfe im Teil 2 ist ein Leistungsgesetz im Sinne der Sätze 1 und 2.

(2) Abweichend von Absatz 1 gehen die Vorschriften der Kapitel 2 bis 4 den für die jeweiligen Rehabilitationsträger geltenden Leistungsgesetzen vor. Von den Vorschriften in Kapitel 4 [Koordinierung der Leistungen; d. A.] kann durch Landesrecht nicht abgewichen werden.

Damit ist zunächst einmal klargestellt, dass die Rehabilitationsleistungen aller Sozialgesetze auch für Menschen mit Behinderung gelten.

An dieser Stelle muss auf begriffliche Exaktheit geachtet werden. In der Vergangenheit wurden die Personen leistungsrechtlich als behindert bezeichnet, die Leistungen der Eingliederungshilfe erhielten. Die Eingliederungshilfe war jedoch immer schon Menschen mit wesentlichen Behinderungen vorbehalten. Diese wesentliche Behinderung wurde jedoch in der Regel negativ definiert, d.h., wenn die vorrangigen Leistungsträger nach ihren Vorschriften davon ausgingen, dass sie nicht zuständig waren, verwiesen sie die leistungsberechtigte Person an den Sozialhilfeträger, der bei einem vorliegenden Hilfebedarf die Wesentlichkeit der Behinderung feststellte.

§ 7 SGB IX schiebt diesem Vorgang in schönster Juristensprache einen Riegel vor. Die Aussage in Absatz 1, dass die Rehabilitationsträger nach den Voraussetzungen ihrer Leistungsgesetze zuständig sind, wird in Absatz 2 ausgehebelt. Danach sind nämlich die Voraussetzungen aus Kapitel 2 bis 4 Teil 1 SGB IX für alle Rehabilitationsträger bindend. Kapitel 3 regelt die Erkennung und Ermittlung des Rehabilitationsbedarfs. Die Rehabilitationsträger müssen nun zunächst nach dem neuen Behinderungsbegriff feststellen, ob eine Behinderung vorliegt, und wenn ja, müssen sie anschließend individuell und funktionsbezogen den Bedarf ermitteln. Kapitel 4 regelt die Koordinierung der Leistungen bei komplexen Bedarfslagen. Durch Teilhabeplanung können nun Leistungen wie aus einer Hand ermittelt und erbracht werden.

Die Anerkennung der schweren psychischen Erkrankung als Behinderung führt zu einem neuen Verständnis der psychiatrischen Rehabilitation. Diese muss nicht mehr einem standardisierten Programm in Einrichtungen folgen, sondern kann und sollte im gewohnten Lebensumfeld der betroffenen Person stattfinden. Mit den Vorschriften von Teil 1 und Teil 2 SGB IX kann der zentrale Grundsatz der S3-Leitlinie Psychosoziale Therapien umgesetzt werden: »Menschen mit schweren psychischen Erkrankungen haben ein Recht darauf, in ihren besonderen Bedürfnissen und ihrem individuell unterschiedlichen

Hilfebedarf wahrgenommen zu werden, und sollten befähigt und in die Lage versetzt werden, ihre Interessen selbst durchzusetzen, sich zu organisieren und ihre Lebensverhältnisse selbst bestimmen zu können« (DGPPN 2018, S. 36).

Nach den neuen Vorschriften des SGB IX sind die vorrangigen Rehabilitationsträger bei Vorliegen einer Behinderung leistungspflichtig, während der Träger der Eingliederungshilfe nur bei Vorliegen einer wesentlichen Behinderung leistungsverpflichtet werden kann. Das wird im Eingliederungshilferecht in Teil 2 SGB IX deutlich.

§ 102 SGB IX

Leistungen der Eingliederungshilfe

Die Leistungen der Eingliederungshilfe umfassen

1. Leistungen zur medizinischen Rehabilitation
2. Leistungen zur Teilhabe am Arbeitsleben
3. Leistungen zur Teilhabe an Bildung
4. Leistungen zur Sozialen Teilhabe

Leistungen nach Absatz 1 Nummer 1 bis 3 gehen den Leistungen nach Absatz 1 Nummer 4 vor.

In Teil 2 SGB IX wird ein begriffliches Problem deutlich, das zu nachhaltigen Verwirrungen führt. Die Leistungen der Eingliederungshilfe, für die der Träger der Eingliederungshilfe die Kostenträgerschaft übernehmen muss, sind die Leistungen zur Sozialen Teilhabe. Die drei anderen Leistungen – die Leistungen der medizinischen Rehabilitation, der Teilhabe am Arbeitsleben und der Teilhabe an Bildung – muss er in der Teilhabeplanung mit einbeziehen, deren Kosten müssen jedoch vom jeweiligen Rehabilitationsträger übernommen werden. Damit wird sichergestellt, dass auch Menschen mit wesentlichen Behinderungen gemäß der UN-BRK einen gleichberechtigten Anspruch auf alle Rehabilitationsleistungen haben.

Die Leistungen der Eingliederungshilfe ermöglichen es Menschen mit wesentlichen Behinderungen, selbstbestimmt am Leben in der Gesellschaft teilzuhaben, wenn sie (noch) nicht in der Lage sind, ihr Leben eigenständig zu bewältigen. Die Leistungen der Eingliederungshilfe dienen der Kompensation behinderungsbedingter Einschränkungen der eigenständigen Alltagsbewältigung. Die Hilfen der Sozialen Teilhabe werden erbracht, um die eigenständige Bewältigung des Alltags sicherzustellen. Aus den Hilfen zu selbstbestimmtem

Leben in betreuten Wohnformen und den Hilfen zur Teilhabe am gemeinschaftlichen und kulturellen Leben als Leistungen zur Teilhabe am Leben in der Gemeinschaft (§ 55 SGB IX bis 31.12.2107) wurden die Assistenzleistungen zur Sozialen Teilhabe nach § 78 SGB IX ab 01.01.2018. Im Gegensatz zu allen anderen Rehabilitationsleistungen bleibt es in der Hand der Leistungsberechtigten, »auf der Grundlage des Teilhabeplans nach § 19 über die konkrete Gestaltung der Leistungen hinsichtlich Ablauf, Ort und Zeitpunkt der Inanspruchnahme zu entscheiden« (§ 78 Absatz 2 SGB IX).

§ 19 SGB IX

Teilhabeplan

(1) Soweit Leistungen verschiedener Leistungsgruppen oder mehrerer Rehabilitationsträger erforderlich sind, ist der leistende Rehabilitationsträger dafür verantwortlich, dass er und die nach § 15 beteiligten Rehabilitationsträger im Benehmen miteinander und in Abstimmung mit den Leistungsberechtigten die nach dem individuellen Bedarf voraussichtlich erforderlichen Leistungen hinsichtlich Ziel, Art und Umfang funktionsbezogen feststellen und schriftlich oder elektronisch so zusammenstellen, dass sie nahtlos ineinandergreifen.

(2) Der leistende Rehabilitationsträger erstellt in den Fällen nach Absatz 1 einen Teilhabeplan innerhalb der für die Entscheidung über den Antrag maßgeblichen Frist. (...)

Das Basismodell gemeindepsychiatrischer Versorgung: Teilhabe und Recovery steuern

Durch die Erneuerung des SGB IX ist es zwischenzeitlich auch mit dem deutschen Sozialrecht möglich, aufeinander abgestimmte Leistungen der Behandlung, Rehabilitation und Teilhabe für Menschen mit schweren psychischen Beeinträchtigungen zu erbringen. Dafür bedarf es jedoch eines strukturellen und organisatorischen Rahmens.

An den verschiedenen Behandlungs- und Rehabilitationsleistungen sind viele Akteure der Leistungsträger, der Leistungserbringer und der Selbsthilfe beteiligt. Die Vorschriften zur Koordinierung der Leistungen in Kapitel 4 Teil 1 SGB IX sind alles andere als ein Selbstläufer. Die Kooperationsbereitschaft und das Vertrauen zwischen den Akteuren müssen systematisch entwickelt werden.

Ingmar Steinhart und Günther Wienberg haben 2017 ein Basismodell gemeindepsychiatrischer Versorgung vorgestellt. Das Modell ist ein Ansatz für die sektorenübergreifende Weiterentwicklung der gemeindepsychiatrischen Versorgung und wird offensichtlich dynamisch fortgeschrieben.

Das Funktionale Basismodell 3.0 gemeindepsychiatrischer Versorgung hat zum Ziel, einen Minimalstandard für die Neuausrichtung regionaler psychiatrischer Angebotslandschaften zu etablieren (Wienberg & Steinhart 2020). Neu eingeführt wurde die regionale Koordination und Steuerung. Aus Sicht der Autoren ist es notwendig, Strukturen wie den Gemeindepsychiatrischen Verbund verbindlicher und effektiver zu gestalten. Die Umsetzung des Basismodells ist auf ein vernetztes Angebot von Behandlungs- und Rehabilitationsleistungen angewiesen, mit denen SGB IX Leistungen nahtlos und wie aus einer Hand erbracht werden können (Abbildung 6).

ABBILDUNG 6 Vernetzte Gemeindepsychiatrische Leistungserbringung

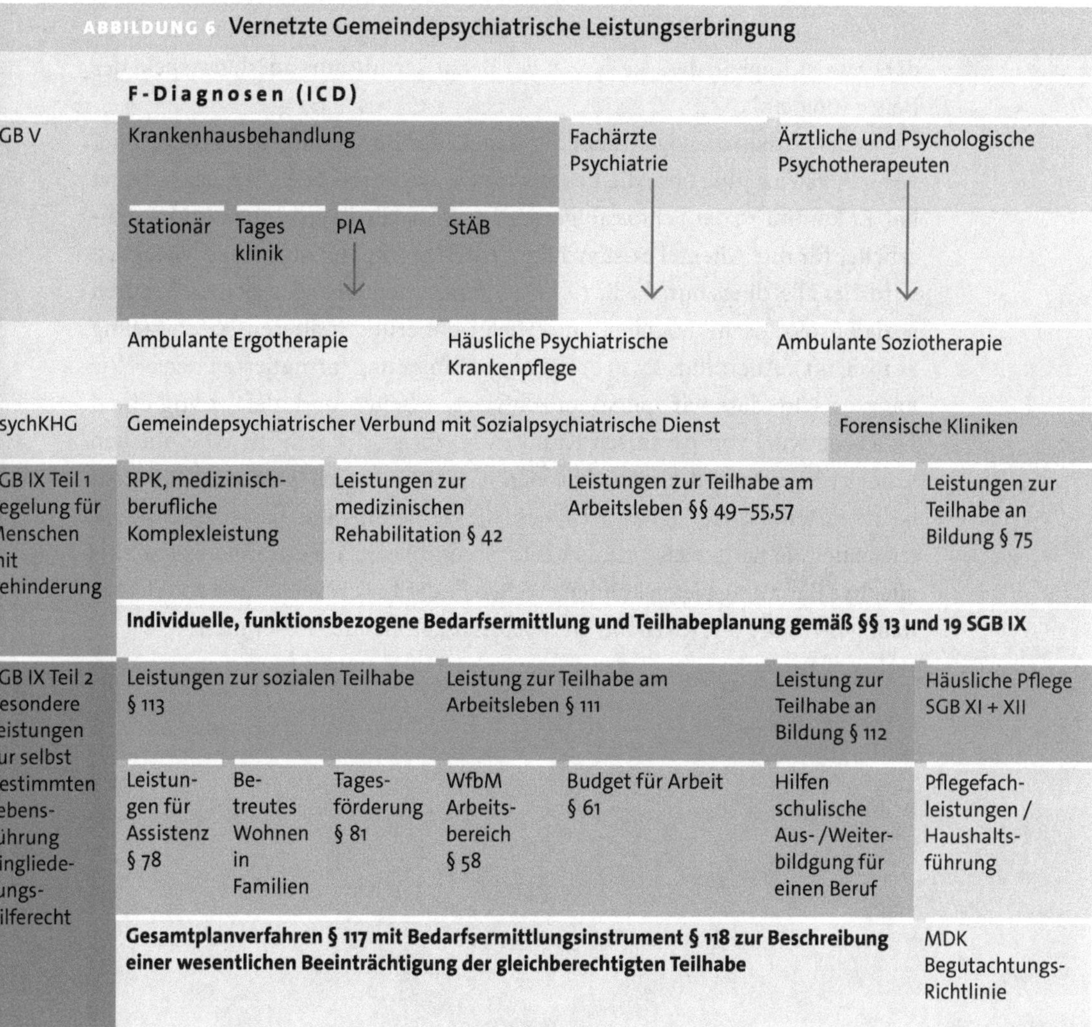

Das Basismodell ist allerdings ein funktionalistisches Modell, das die Beziehungsebene zwischen leistungsberechtigten und leistungserbringenden Personen ausklammert. Um dies zu vermeiden, hat Bruno Hildenbrand das Konzept des »Fallverstehens in der Begegnung« entwickelt (Hildenbrand 2016). In Abgrenzung zu Martin Buber einerseits und systemischen Ansätzen andererseits macht für ihn das widersprüchliche Konstrukt »Fallverstehen in der Begegnung« professionelles Handeln aus. Den Widerspruch sieht er darin, dass Fallverstehen auf Distanz, Begegnung auf Nähe angewiesen ist.

Für die Umsetzung der Leistungen zur Rehabilitation und Teilhabe ist Fallverstehen in der Begegnung unabdingbar. Nach SGB IX ist die Teilhabeplanung Aufgabe des Rehabilitationsträgers, während die Umsetzung der Maßnahmen Aufgabe der Leistungserbringer ist. Bei Leistungen der Eingliederungshilfe sind dies vor allem Sozialpädagoginnen und Sozialarbeiter. Verwaltungen haben traditionell die Aufgabe, ihre Entscheidungen distanziert zu treffen, das Klassifikationssystem der ICF lädt geradezu dazu ein. Es ist daher unabdingbar, dass sie sich in der Bedarfsermittlung auf den Aspekt der Begegnung einlassen.

Bei Sozialpädagogen steht der Aspekt der Begegnung im Vordergrund, wie z. B. Patrick Jung über die Rekonstruktion von drei Fällen herausgearbeitet hat. Er kommt zu der Schlussfolgerung, dass Sozialpädagoginnen und Sozialarbeiter für ihre Klientel existenzielle Arbeit leisten, und fügt hinzu: »Möglich wird dies allerdings nur, da die (...) Handlungsorientierungen sich nicht durch sozialbürokratische Logiken einer Zielorientierung irritieren lassen« (Jung 2019, S. 153). Allerdings kann er die in der Einleitung formulierte Frage: »Wie kann es sein, dass wir ›personenzentriert‹ arbeiten und gleichzeitig einen Lebensentwurf von psychisch Kranken befeuern, der sich im Wesentlichen unter einer gemeindepsychiatrischen ›Glocke‹ abspielt?« (ebd., S. 6) nicht beantworten. Dabei liegt es nahe, dass die Gemeindepsychiatrie zur Psychiatriegemeinde wird, weil Sozialpädagogen und Sozialarbeiterinnen zwar eine affektive Rahmung bieten können (Welter-Enderlin & Hildenbrand 2004), aber häufig nicht die erforderliche therapeutische Rollendistanz einnehmen.

TEIL 2

Wie Rehabilitation und Teilhabe umgesetzt werden können

Recovery ist nicht die Umsetzung festgelegter therapeutischer Prinzipien. Recovery ist vielmehr ein diffuser Prozess psychosozialer Entwicklung, der in gewisser Weise wie eine sekundäre Sozialisation verläuft. Er setzt an vorausgegangenen Entwicklungsstufen des Prozesses der primären Sozialisation in der Familie an, allerdings mit einem ganzen Paket an Vorprägungen, die zu der Diagnose einer psychischen Erkrankung geführt haben. Insofern ist der Prozess der Rehabilitation und Teilhabe bei Menschen mit psychischen Erkrankungen anders angelegt als bei Menschen mit geistigen oder körperlichen Beeinträchtigungen, die seit der Geburt mit einer Behinderung leben. Menschen, deren psychische Beeinträchtigungen zu einer seelischen Behinderung führen, haben keine Behindertenbiografie. Und im Gegensatz zu Personen, die während ihres Erwachsenenlebens durch eine Körper- oder Sinnesbeeinträchtigung behindert werden, betreffen psychische Beeinträchtigungen vor allem das Denken und Fühlen.

Im Folgenden wird auf Grundlage des Fallverstehens in der Begegnung Schritt für Schritt aufgezeigt, wie sich der Hilfebedarf von Sandra Dellmann vor dem Beginn ihrer Geschichte als chronisch psychisch Kranke darstellte und wie nach vielen Jahren Krankheitsgeschichte über die wesentliche Behinderung ein Weg zur gleichberechtigten Teilhabe eröffnet werden kann. Dabei geht es nicht um eine wissenschaftliche Erarbeitung der Fallstruktur, sondern um eine Darstellung, wie die neuen gesetzlichen Vorgaben des SGB IX in zwei entscheidenden Phasen des Lebens von Sandra Dellmann zu einer gleichberechtigten gesellschaftlichen Teilhabe hätten beitragen können.

Neben einem ersten Gespräch über die Lebensgeschichte und den Verlauf der Erkrankung und Behinderung sowie Diskussionen über das Geschriebene standen Michael Konrad Arztbriefe und Berichte von Behörden und Arbeitgebern zur Verfügung. In den Gesprächen ging es nicht darum, ob das Geschriebene der subjektiven Wahrnehmung von Sandra Dellmann entspricht. Des Öfteren bemerkte sie, dass sie sich nicht erinnern kann, aber dass es so gewesen sein könnte. Ihr Leben wird beschrieben als eine Lebensgeschichte und eine Krankengeschichte, wobei die Krankengeschichte nicht mit der psychiatrischen Diagnose durch einen niedergelassenen Psychiater beginnt, sondern mit der Feststellung der chronischen psychischen Erkrankung. Im Hinblick auf die Vulnerabilitätshypothese von Zubin (s. S. 31) hätte die gestellte Diagnose wie eine orthopädische Diagnose ein singuläres Ereignis sein können, das bei entsprechender Intervention die gleichberechtigte gesellschaftliche Teilhabe nicht behindert hätte. Die Zweiteilung ist keine Festschreibung eines unveränderbaren Zustands der Erkrankung, wie sie in der Klinik mit der Dokumentation der Krankengeschichte erfolgt. Sie folgt vielmehr dem Prinzip: Die Hoffnung trägt. Mit dem Prozess der Recovery kann aus der Krankengeschichte wieder eine Lebensgeschichte werden – möglicherweise mit akuten Erkrankungsphasen wie bei somatischen Erkrankungen.

Exkurs: Die zwei Lebenshälften des Friedrich Hölderlin

Der Dichter Friederich Hölderlin hat – vermutlich in der Phase einer beginnenden Psychose – in dem kurzen und prägnanten Gedicht »Hälfte des Lebens« das Leben in zwei Phasen eingeteilt, eine Phase der Hoffnung und des Aufbruchs und eine Phase der Hoffnungslosigkeit und Resignation. Dieses Gedicht schrieb er zwei Jahre vor der Einweisung in die Tübinger Nervenklinik.

Mit gelben Birnen hänget
Und voll mit wilden Rosen
Das Land in den See,
Ihr holden Schwäne,
Und trunken von Küssen
Tunkt ihr das Haupt
Ins heilignüchterne Wasser.

Weh mir, wo nehm' ich, wenn
Es Winter ist, die Blumen, und wo
Den Sonnenschein,
Und Schatten der Erde?
Die Mauern stehn
Sprachlos und kalt, im Winde
Klirren die Fahnen.

Hölderlin hatte große Erwartungen an ein Leben als Dichter. Nicht unbegründet: Mit Hegel und Schelling hatte er im Tübinger Stift das erste Systemprogramm des deutschen Idealismus verfasst und die Beachtung der Dichterfürsten Goethe und Schiller gefunden. Aber im Gegensatz zu seinen erfolgreichen Zeitgenossen blieb er einer romantischen Lebensweise verhaftet und erkrankte im Anschluss an einen letzten Versuch, im bürgerlichen Leben Fuß zu fassen, an einer schizophrenen Psychose (Blankenburg 2020).

Hölderlin wurde ein halbes Jahr in der neu eingerichteten Tübinger Nervenklinik behandelt, erhielt die Prognose, noch maximal drei Jahre zu leben. Er wurde angesichts seines Schicksals von den Zeitgenossen bedauert, hatte er doch seine große Liebe Susette Gontard verloren und konnte trotz seines Genies die Dichtung nicht zu seinem Beruf machen (Keller 1993). Man könnte aber auch sagen, er hat Glück gehabt.

Nachdem Prof. Autenrieth, der behandelnde Arzt, festgestellt hatte, dass er medizinisch nichts mehr für seinen Patienten tun konnte, ging er auf den Schreinermeister Zimmer zu, von dem er wusste, dass er in einem Lesekreis Hölderlins »Hyperion« gelesen hatte, und bat ihn, Hölderlin in seinen Haushalt aufzunehmen. Dank der Versorgung und in diesem Fall auch der Bewunderung durch die Familie Zimmer überlebte Hölderlin die ärztliche Prognose seiner zu erwartenden Lebensdauer um 33 Jahre. Dass die Familie stets Kontakt zu der Mutter und den Geschwistern Hölderlins hielt, war ebenfalls ein Glücksfall. Es kann behauptet werden, dass Prof. Autenrieth unabhängig von seiner düsteren Prognose den Unterstützungsbedarf seines Patienten gut erkannt und die Teilhabe am gesellschaftlichen Leben so gut wie möglich sichergestellt hat.

Gleichwohl ist auch bei Hölderlin zu erkennen, was für viele psychiatrische Patienten gilt: ein Leben geteilt in ein Davor und ein Danach, in eine Lebensgeschichte und eine Krankengeschichte.

Sandra Dellmanns Lebensgeschichte

Um die Frage zu beantworten, welche Leistungen nach SGB IX Sandra Dellmann zur gesellschaftlichen Teilhabe benötigt hätte, wird zunächst ihre Lebensgeschichte rekonstruiert, also die erste Häfte des Lebens. Entgegen der üblichen psychiatrischen defizitären Betrachtungsweise soll gezeigt werden, dass sie in ihrer ersten Lebenshälfte Fähigkeiten und Lebensziele entwickelte, die mit der Komponente der mentalen Funktionen der ICF erfasst werden können (s. S. 35). Sie bilden den Ausgangspunkt für die Feststellung der erforderlichen Leistungen zur Rehabilitation und Teilhabe.

Die Fakten: Von der sozialistischen Erziehung ins neoliberale Leben geworfen

Zunächst die nüchternen Verlaufsdaten. Sandras Lebensgeschichte beginnt am 12.12.1978 in Blankenburg, einer mittelgroßen Stadt in Sachsen-Anhalt an der Grenze zu Niedersachsen. Trotz der Nähe zu Westdeutschland hatte sich der Großvater entschlossen, nach dem Zweiten Weltkrieg in seiner Heimatstadt zu bleiben, die der DDR zugeordnet wurde. Nach Sandras Erinnerung war er in der DDR in der Produktion von Getrieben beschäftigt. Sandras Mutter ist das jüngste von sieben Kindern und wurde Mitte der 1950er-Jahre geboren. Der Großvater verstarb 1991.

Sandras Mutter führte ein sehr unstetes Leben, blieb aber in ihrem Heimatort Blankenburg bis zur Öffnung der Staatsgrenze wohnen. Nach Sandras Erinnerung war sie in der Hauswirtschaft einer Landwirtschaftlichen Produktionsgenossenschaft (LPG) tätig. Vermutlich im Alter von 19 oder 20 Jahren bekam sie ihr erstes Kind, das im Alter von ca. sechs Monaten an einer Lungenentzündung starb. Zwei Monate vor ihrem 21. Geburtstag kam ihr erster Sohn zur Welt. Er wurde als uneheliches Baby bzw. Kleinkind in einem Kinderheim untergebracht und konnte nach der Heirat seiner Mutter mit seinem (und Sandras) Vater zu seiner Mutter zurückkehren.

Sandras Vater ist sechs Jahre älter als seine Frau, von der er nach fünf Jahren geschieden wurde. Er übte seinen Beruf als Maler und Lackierer zunächst in Blankenburg, dann in einer großen Stadt in Westdeutschland aus. Ein Jahr nach der Heirat wird Sandra geboren, drei Jahre später eine Schwester. Nach der Ehescheidung kommt drei Jahre später ein jüngerer Bruder von einem Sandra nicht bekannten Mann zur Welt.

Sandra ist die älteste Tochter und gleichzeitig das erste Kind des einzigen Mannes, mit dem ihre Mutter verheiratet war. Sie ist somit das Sinnbild des Offiziellen, der Konvention. Nach Sandras Erinnerung konnte sie es ihrer Mutter nie recht machen, sie sei mit allen ihren Handlungen von ihr zurechtgewiesen und häufig bestraft worden. Ihrem älteren Bruder sei es ähnlich ergangen. Ihre beiden jüngeren Geschwister seien hingegen von der Mutter verwöhnt worden.

Sandras Mutter lebte in ihrem Heimatort mit ihren vier Kindern in drei verschiedenen Wohnungen und mit wechselnden Partnern bis zur Öffnung der Staatsgrenze. Mit ihrem Partner und ihren vier Kindern verließ sie direkt nach der Grenzöffnung die DDR und »machte rüber« nach Westdeutschland. Die Familie zog zunächst nach Norddeutschland und dann über mehrere

Stationen immer weiter südlich, bis sie schließlich in Ravensburg eine Übergangswohnung bekam.

Sandra ist evangelisch getauft, obgleich ihre Mutter konfessionslos ist. Sie kam mit drei Monaten in die Kinderkrippe, in der sie bis zur Grundschule ganztags erzogen wurde. Von ihrer Mutter wurde sie permanent als wertlos und unnütz beschimpft und häufig geschlagen. 1984 wurde sie eingeschult und Mitglied bei den Jungpionieren, bei denen einmal wöchentlich ein feierlicher Fahnenappell in Uniform stattfand. Im Alter von sechs oder sieben Jahren wurde sie von einem Bruder ihrer Mutter sexuell missbraucht, als sie wegen eines Krankenhaushalts ihres Bruders für einige Wochen bei ihrem Onkel leben musste. In Blankenburg musste sie drei Wohnungswechsel mitmachen, im Alter von elf Jahren, also zu Beginn der Pubertät, erlebt sie den Systemwechsel von Ost- nach Westdeutschland.

Zum einen wegen der häufigen Wohnungswechsel, zum anderen wegen des Wechsels in ein anderes kulturelles Milieu fällt es Sandra sehr schwer, in Westdeutschland Fuß zu fassen und Anschluss an Gleichaltrige zu finden. Im Rahmen des Konfirmandenunterrichts in Ravensburg kommt der Kontakt zu einer evangelischen Jugendgruppe zustande, in der sich Freundschaften entwickeln.

Als Sandra 1995 die Hauptschule abschließt, hat sie überhaupt keine Vorstellung, was sie beruflich machen möchte. Ihre christlichen Freundinnen und Freunde raten ihr, eine Lehre als Verkäuferin in einem Lebensmittelsupermarkt zu machen, die sie 1995 aufnimmt und 1997 abschließt. Im Nachhinein hätte sie eine Arbeit mit Tieren lieber gemacht. In der Ausbildung habe sie es den anderen nie recht gemacht und sei ständig kritisiert worden. Und sie musste das gesamte Ausbildungsgehalt an ihre Familie abgeben und erhielt nur ein geringes Taschengeld.

Im Anschluss an die Ausbildung fühlte Sandra sich ausgebrannt und ausgenutzt und wollte auf keinen Fall in ihrem Beruf arbeiten. Sie suchte ein Jahr lang eine andere Arbeit, arbeitete gelegentlich als Kassiererin und verwendete ihre ganze Kraft darauf, in eine eigene Wohnung zu ziehen. In einer evangelischen Jugendgruppe fand sie Zuflucht mit ihrer Verzweiflung. Als sie in einer Ferienfreizeit der evangelischen Landeskirche suizidale Gedanken gegenüber dem begleitenden Diakon äußerte, empfahl ihr dieser, sich in einer psychiatrischen Klinik behandeln zu lassen. Da sie die Klinik auf jeden Fall vermeiden wollte, ließ sie sich auf ambulante psychiatrische Behandlung bei einem niedergelassenen Nervenarzt in Ravensburg ein. Sie wurde als depressiv diagnostiziert und bekam Psychopharmaka verschrieben. Rückblickend sagt sie: »So fing mein Medikamentenalltag an.«

Parallel bekam sie eine Jugendhilfemaßnahme von drei Stunden in der Woche zugesprochen, in deren Rahmen sie nicht nur Unterstützung beim Rückzahlen ihrer Schulden von 3800 DM erhielt, die sie für den Führerschein sowie Versandhausbestellungen für sich, die Mutter und die jüngeren Geschwister angesammelt hatte, sondern auch Unterstützung für die Ablösung von ihrer Familie. Ziel der Maßnahme war zu lernen, »von anderen Menschen das zu holen, was sie für ihre emotionalen Bedürfnisse braucht, und das einzufordern, was ihr zusteht und wofür sie lernen muss, hinzustehen und zu kämpfen« (Zitat aus dem Jugendhilfeplan).

Der Hilfeplaner war optimistisch: »Die Ablösung aus der schwierigen Beziehung zu ihrer Mutter, die Verselbstständigung in einer eigenen Wohnung und der Beginn einer sinnvollen, zukunftsbezogenen Ausbildung tragen sicher dazu bei, dass Sandra mit Unterstützung ihrer Betreuerin und der Therapeutin so viel Selbstvertrauen und Stabilität entwickelt, dass sie bald sicherer auf eigenen Beinen stehen und vertrauensvolle Beziehungen zu Menschen aufbauen kann« (ebd.).

Wunschträume der Jugendhilfe. Aus der Psychotherapie wurde nichts, stattdessen bekam sie von einem aus ihrer Sicht verständnislosen Psychiater ausschließlich Medikamente. Von einer Ablösung von der Mutter kann keine Rede sein, auch nach dem Auszug blieb sie mit ihrer Mutter verstrickt, immer in der Hoffnung, doch noch die Liebe zu bekommen, die sie nie erhalten hatte.

Die Unterstützung durch die Jugendhilfe reichte allerdings aus, um eine Ausbildung als Haus- und Familienpflegerin an einer haus- und landwirtschaftlichen, gewerblichen und kaufmännischen Schule in Ravensburg zu beginnen und durchzuhalten. Die Ausbildung schloss sie nach einem Anerkennungspraktikum bei der katholischen Sozialstation Ravensburg im Jahr 2001 ab. Einen Teil der Schulden konnte sie während der Ausbildung zurückbezahlen, den Rest während ihrer nächsten Tätigkeit.

Die verpasste Chance

Zwischen den beiden Berufsausbildungen manifestierten sich psychische Probleme, die durch den Einfluss einer Autoritätsperson in das ambulante psychiatrische Versorgungssystem führten. Der niedergelassene Psychiater konzentrierte sich auf das Stellen einer Diagnose und die Gabe von Psychopharmaka. Bei Sandra wurde eine chronische Depression diagnostiziert und ausschließlich medikamentös behandelt. Als gute Jungpionierin gehorchte sie und nahm auch alle Steigerungen der Medikamentendosis hin. Ihre zaghaften Bitten, ihre Probleme zu besprechen, wurden ignoriert.

Gleichwohl ist die lebensgeschichtliche Entwicklung bis zum Beginn der zweiten Berufsausbildung nicht von der psychischen Erkrankung geprägt. Sandra hat eine nicht pathologische Entwicklung durchgemacht, auch wenn diese von schwierigen Lebensereignissen geprägt war. Man kann durchaus sagen, dass sie sich durchs Leben geschlagen hat. Nicht besonders erfolgreich und stets geprägt von dem Wunsch nach Anerkennung von ihrer Mutter, aber letztlich mit einem starken Willen zum Überleben. Im Gegensatz zu Menschen mit Geistes-, Körper- oder Sinnesbehinderungen hat sie keine Behindertensozialisation, sie wurde nicht bemitleidet, geschont oder beschützt, sie wurde auch nicht als psychisch krank oder behindert stigmatisiert. Aber sie war – so beschreibt sie das selbst – das naive Mädchen aus dem Osten und musste ihre Verhaltensweisen an die Erwartungen einer für sie fremden Gesellschaft anpassen, um in der Erwachsenenwelt klarzukommen.

Mit Beginn der zweiten Ausbildung hätten unter den heutigen Bedingungen des SGB IX einige passgenaue Angebote die weitere Entwicklung von Sandras Lebensgeschichte in Richtung einer Krankengeschichte vermeiden können. Um diese neuen Möglichkeiten der Rehabilitation und Teilhabe auszuloten, folgt nun ein Gedankenexperiment, in dem davon ausgegangen wird, dass ihr statt der Klinik bzw. des Nervenarztes der Sozialpsychiatrische Dienst (SpDi) empfohlen wird. Gleichzeitig wird davon ausgegangen, dass die Mitarbeitenden des Sozialpsychiatrischen Dienstes die lebensgeschichtliche Rekonstruktion als Voraussetzung für die Erstellung eines Teilhabeplans erachten.

Rekonstruktion der Lebensgeschichte

Im Folgenden werden die nüchternen lebensgeschichtlichen Daten sowie einige Informationen über die verschiedenen Lebenswelten im Laufe von Sandras Entwicklung sequenziell interpretiert. Nach der schriftlichen Niederlegung wurden sie – auch in den manchmal drastischen Formulierungen – von Sandra Dellmann abgesegnet. Sie dienen dazu, ein Bild von Sandra zu entwerfen, mit dem ihre damaligen mentalen Funktionen bestimmt und ihr damaliger Rehabilitationsbedarf festgestellt werden können.

Durch Sandra wird die Theorie der Existenzphilosophie, dass der Mensch ins Leben geworfen wird, leicht verständlich. In traditionellen Gesellschaften fanden die heranwachsenden Kinder Halt in einer – oft rigoros – geregelten

Gemeinschaft, an der sie sich orientieren, gleichzeitig aber auch abgrenzen konnten. Sandra wird in eine sich auflösende Gesellschaft und Gemeinschaft hineingeboren. Das Gesellschaftssystem der DDR bröckelt schon, hält jedoch rigide an den hehren sozialistischen Idealen fest, aus denen durch die staatlichen Instanzen der sozialistische Mensch geformt werden muss. Auch wenn in Westdeutschland die Kindertagesstätte für Kleinkinder als soziale Errungenschaft für arbeitende Frauen wahrgenommen wurde, kann der rigorose Zugriff des Staates in Sandras Fall auch als Angriff auf die elterliche Erziehungsautorität interpretiert werden.

Sandras Mutter ist gegenüber dem sozialistischen Staat sehr ambivalent. Sie selbst ist konfessionslos, liegt hier also auf der Linie des sozialistischen Staates, und nimmt das Angebot der frühen Entlastung durch die Kinderkrippe so früh wie möglich an. Gleichzeitig lässt sie aber ihre Kinder taufen und lehnt sich damit an das christliche Familienmodell an, auch wenn es keinen innerfamilialen Resonanzkörper besitzt. Lebenspraktisch geht die Mutter andere Wege, indem sie mehrfach den Partner wechselt und vier Kinder von drei Männern bekommt. Sie passt sich offensichtlich dem Regime an, nimmt aber die erste Möglichkeit nach der Maueröffnung wahr, um in den Westen zu gehen. Es drängt sich der Eindruck auf, dass dies planlos geschah, ohne eine realistische Zukunftsperspektive.

Sandra erhält wenig Rüstzeug für das Leben in einer Gesellschaft, die auf selbstbestimmt agierende Bürgerinnen und Bürger baut. Sie wächst unter der Kontrolle eines fürsorgenden Staates auf, der Kindern von früh auf staatskonformes Verhalten antrainiert. Widerspruch ist Tabu. Von der Mutter gibt es keine Unterstützung, sich dagegen aufzulehnen. Im Gegenteil. Sandra wird im Gegensatz zu ihren jüngeren Geschwistern als völlig nutzloses Wesen behandelt; sie kann tun, was sie will, ihre Anstrengungen werden nicht anerkannt. Sie bekommt Schläge und weiß nicht wofür. Ein Vergleich zu Aschenputtel drängt sich auf.

Darüber hinaus fehlt in der Familie eine konstante männliche Bezugsperson. Der leibliche Vater verschwindet aus ihrem Leben, als sie vier Jahre alt ist, anschließend wechseln die Männer im Haushalt ständig. Sie ist ihrer Mutter ausgeliefert.

Weibliche Identifikationsfiguren musste Sandra außerhalb der Familie suchen, an die Großmutter hat sie keinerlei Erinnerung. Weibliche Identifikationsmuster sind resolute Erzieherinnen, die die Kinder zur Treue gegenüber dem Staat und zu persönlicher Leistung, durchaus aber auch zur Solidarität mit den Mitmenschen anhalten.

Die Sozialisation in der DDR darf auf keinen Fall im Sinne einer psychopathologischen Genese missdeutet werden. Sie führt erst durch die besondere innerfamiliale Situation zur Vulnerabilität für eine psychische Beeinträchtigung. Gleichzeitig erzeugt sie Resilienzfaktoren. Sandra entwickelt Zähigkeit, Frustrationstoleranz, Durchhaltevermögen, Reflexionsfähigkeit, die Bereitschaft, zu helfen, und die Eigenschaft, nie aufzugeben. Durch den Machtmissbrauch der Mutter und den sexuellen Missbrauch des Onkels wächst aber auch ein tiefes Misstrauen gegenüber anderen Menschen: »Die Hölle, das sind die anderen«.

Der fehlende Halt und die fehlende Orientierung in den ersten zehn Lebensjahren verstärken sich mit dem Wechsel nach Westdeutschland. Der Bezug zu den staatlichen Sozialisationsinstanzen wird von heute auf morgen gekappt. Die räumliche und lebensweltliche Unbeständigkeit wird zum Pendant der unzuverlässigen Mutter. Sandra kam sich wie auf einem Roadtrip ohne jeglichen Halt vor. »Heute hier, morgen dort, bin kaum da muss ich fort, hab mich niemals deswegen beklagt« hat Hannes Wader gesungen. Und auch Sandra hat sich nicht deswegen beklagt, allerdings nicht wegen ihrer Unabhängigkeit, sondern weil Klagen nicht zum erlaubten Repertoire gehörte. Sie fraß es in sich hinein, wie der Volksmund sagt.

Endlich in Oberschwaben angekommen wird Sandra mit großen lebensweltlichen Veränderungen konfrontiert. Aus einem Grenzgebiet mit einer Bergwerkstradition kommt sie in eine traditionsverbundene reiche Region mit einer Mischung aus Landwirtschaft und Hochtechnologie. Aus einer protestantisch geprägten Gegend, in der Religionsausübung geächtet war, findet sie sich wieder im katholischen Oberschwaben mit seinem tief verwurzelten religiösen Brauchtum.

Diesen äußeren Unsicherheiten sieht Sandra sich in einer Zeit der inneren Unsicherheit gegenüber, der Zeit der beginnenden Pubertät, in der sich Selbstbewusstsein und Eigenständigkeit entwickeln muss und der mentale Ablöseprozess von der Familie beginnt. Aber wie hätte sie sich abgrenzen sollen von einer Mutter, die selbst grenzenlos war, und wie von einem Mann im Haushalt, der irgendwann kam und vermutlich auch irgendwann wieder ging? Sandra wird also auf die Sinnstrukturen zurückgegriffen haben, die sie in den staatlichen Institutionen der DDR kennengelernt hatte: nicht auffallen, sich anpassen und Leistung bringen.

Sandra macht im Alter von 15 Jahren den Hauptschulabschluss und beginnt eine Lehre als Verkäuferin in einem Lebensmittelsupermarkt. Etwas platt gesagt setzt sie sich inmitten der leiblichen Genüsse, die sie in der DDR nicht hatte. Der Bezug zu dem legendären Titelbild des Satiremagazins Titanic ist augenscheinlich: »Zonen-Gaby im Glück. Meine erste Banane« steht als Text unter dem Bild einer strahlenden jungen Frau, die eine Gurke in der Hand hält. Ob Sandra auch mit naiven Vorstellungen über die wirtschaftlichen Segnungen des Kapitalismus nach Westdeutschland gekommen ist, ist nicht relevant. Ihre Mutter und die jüngeren Geschwister sind es und sie erwarten, dass Sandra ihre Lebensvorstellungen zurückstellt und Geld und Waren nach Hause bringt. Der Druck scheint so hoch gewesen zu sein, dass sie gegen Ende der Lehrzeit eine Jugendhilfemaßnahme erhält, deren Hilfen auf den Schutz der Jugendlichen vor ihrer Familie ausgerichtet sind.

Gedankenexperiment: Ein mögliches Rehabilitationsangebot

Die Maßnahmen der Jugendhilfe haben Sandra dazu gebracht, sich durch ihre zweite Berufsausbildung zu quälen, sie haben aber nicht verhindert, dass sich eine Krankheitsgeschichte entwickelt hat. Paradoxerweise waren die Hilfen so angelegt, dass psychiatrische Hilfen nicht in die Hilfeplanung aufgenommen wurden, wodurch letzten Endes der »Psychiatrisierung« Vorschub geleistet wurde, die gerade verhindert werden sollte. Im Folgenden wird gezeigt, dass die Anwendung ambulanter psychiatrischer Rehabilitationsleistungen geeignet ist, eine Psychiatrisierung im Sinne der Chronifizierung der Erkrankung zu verhindern, wenn es gelingt, die betroffene Person zu motivieren und dabei zu begleiten, Leistungen der medizinischen und beruflichen Rehabilitation zu beantragen.

Da in der Regel eine komplexe Bedarfslage vorliegt, muss die betroffene Person zunächst darin unterstützt werden, bei einem Rehabilitationsträger einen Antrag zu stellen. Nach § 6 SGB IX sind folgende Rehabilitationsträger zur Erbringung von Leistungen zur Teilhabe auf Grundlage der Vorschriften des SGB IX verpflichtet.

§ 6 SGB IX

Rehabilitationsträger

Träger der Leistungen zur Teilhabe (Rehabilitationsträger) können sein:

- die gesetzlichen Krankenkassen
- die Bundesagentur für Arbeit
- die Träger der gesetzlichen Unfallversicherung
- die Träger der gesetzlichen Rentenversicherung
- die Träger der Kriegsopferfürsorge zur sozialen Entschädigung bei Gesundheitsschäden

- die Träger der öffentlichen Jugendhilfe
- die Träger der Eingliederungshilfe

Der in der Vergangenheit üblichen Odyssee durch die komplizierte Landschaft der Rehabilitationsträger mit ihren jeweiligen Vorschriften wird durch das BTHG Einhalt geboten. Wenn ein Antrag auf Leistungen bei einem Rehabilitationsträger eingeht, hat dieser zunächst zu prüfen, ob Leistungen zur Teilhabe grundsätzlich zur Erreichung des Ziels der gleichberechtigten, vollen und wirksamen Teilhabe erfolgreich sein können (§ 1 SGB IX) und ob sie geeignet sind, die Behinderung abzuwenden und zu beseitigen, sowie Einschränkungen der Erwerbsfähigkeit zu vermeiden und Pflegebedürftigkeit zu verhindern (§ 4 SGB IX).

Bei der 15-jährigen Sandra läge die Antwort klar auf der Hand: Der behandelnde niedergelassene Psychiater hat eine Depression mit suizidalen Tendenzen festgestellt, bei der davon ausgegangen werden kann, dass sie die gleichberechtigte Teilhabe für wenigstens sechs Monate beeinträchtigt. Es kommen damit zunächst Leistungen der medizinischen Rehabilitation in Betracht, die in die Zuständigkeit der gesetzlichen Krankenversicherung (GKV) fallen. Mit der Rekonstruktion der Lebensgeschichte gibt es eine Grundlage, um die Behinderung und den daraus resultierenden Rehabilitationsbedarf durch einen Facharzt für Psychiatrie oder eine Rehabilitationspsychologin festzustellen.

Das Weitere liegt beim zuständigen Rehabilitationsträger.

Beratung und Bedarfserkennung

Die Feststellung einer Behinderung ist Voraussetzung für das weitere Vorgehen. Da in der Vergangenheit meist eine abwehrende Prüfung erfolgte, hat der Gesetzgeber in § 12 SGB IX eine umfassende Beratungspflicht vorgeschrieben, die die Erkennung der Behinderung und des Bedarfs beinhaltet.

§ 12 SGB IX

Maßnahmen zur Unterstützung der frühzeitigen Bedarfserkennung

(1) Die Rehabilitationsträger stellen durch geeignete Maßnahmen sicher, dass ein Rehabilitationsbedarf erkannt und auf eine Antragstellung hingewirkt wird. Die Rehabilitationsträger unterstützen die frühzeitige Erkennung des Rehabilitationsbedarfs insbesondere durch die Bereitstellung und Vermittlung von geeigneten barrierefreien Informationsangeboten über

1. Inhalte und Ziele von Leistungen zur Teilhabe,
2. die Möglichkeit der Leistungsausführung als Persönliches Budget,
3. das Verfahren zur Inanspruchnahme von Leistungen zur Teilhabe und
4. Angebote der Beratung, einschließlich der ergänzenden unabhängigen Teilhabeberatung nach § 32.

Maßnahmen der Rehabilitation für Menschen mit Behinderungen bedürfen einer ausführlichen Vorklärung durch die Rehabilitationsträger. Die Rehabilitationsträger sind nach § 12 Absatz 2 SGB IX gehalten, »Ansprechstellen« zu benennen, »die Informationsangebote an Leistungsberechtigte, Arbeitgeber und andere Rehabilitationsträger vermitteln«. Der Gesetzgeber setzt mit dieser umfassenden Informationspflicht um, was die UN-BRK vorschreibt, nämlich die barrierefreie Aufklärung über die Rechte von Menschen mit Behinderungen.

Neben der Beratung durch die Ansprechstellen der Rehabilitationsträger ist eine Beratung durch die Ergänzende unabhängige Teilhabeberatung (EUTB) möglich. Dort steht eine Peerberatung zur Verfügung, die aber nicht unbedingt über eigene Erfahrung mit psychischen Beeinträchtigungen verfügt (Konrad 2020b).

Bei der Beratung erhält die antragstellende Person auch Informationen über das Verfahren zur Inanspruchnahme von Leistungen zur Teilhabe. Da die Rehabilitationsträger die Leistungen zwar nach ihren jeweiligen Leistungsgesetzen erbringen, aber den Zugang zu diesen über das SGB IX gewährleisten müssen, werden in § 13 SGB IX die Abläufe für alle Rehabilitationsträger vorgeschrieben.

§ 13 SGB IX

Instrumente zur Ermittlung des Rehabilitationsbedarfs
(1) Zur einheitlichen und überprüfbaren Ermittlung des individuellen Rehabilitationsbedarfs verwenden die Rehabilitationsträger systematische Arbeitsprozesse und standardisierte Arbeitsmittel (Instrumente) nach den für sie geltenden Leistungsgesetzen. (…)

(2) Die Instrumente nach Absatz 1 Satz 1 gewährleisten eine individuelle und funktionsbezogene Bedarfsermittlung und sichern die Dokumentation und Nachprüfbarkeit der Bedarfsermittlung, indem sie insbesondere erfassen,

1. ob eine Behinderung vorliegt oder einzutreten droht,
2. welche Auswirkungen die Behinderung auf die Teilhabe der Leistungsberechtigten hat,
3. welche Ziele mit Leistungen zur Teilhabe erreicht werden sollen und
4. welche Leistungen im Sinne einer Prognose zur Erreichung der Ziele voraussichtlich erfolgreich sind.

Für die GKV bedeuten die Vorschriften nach § 13 SGB IX einen tiefen Einschnitt in ihre Verfahren zur Leistungsermittlung. Die GKV erbringt Rehabilitationsleistungen nach ihrem Leistungsgesetz SGB V auf Grundlage der ICD. Die Leistungen der medizinischen Rehabilitation für Menschen mit Behinderungen sollen nach § 13 SGB IX jedoch durch Instrumente erfasst werden, die eine »individuelle und funktionsbezogene Bedarfsermittlung« sicherstellen. Das ist bei Diagnosen jedoch nicht der Fall – mit Diagnosen kann nur die Gesundheitsstörung klassifiziert werden, auf deren Grundlage die individuelle und funktionsbezogene Ermittlung der Beeinträchtigung der Körperfunktionen erfolgen muss.

Bei Sandra müssen die Beeinträchtigungen der Körperfunktionen mit dem Kapitel »Mentale Funktionen« der ICF ermittelt werden (s. Abbildung 3, S. 35). Über die Wechselwirkung mit den Kontextfaktoren kann dann festgestellt werden, ob die Beeinträchtigung der mentalen Funktionen mit hoher Wahrscheinlichkeit zu einer Beeinträchtigung der Teilhabe für mindestens sechs Monate führt und damit eine Behinderung vorliegt. Ein hohes Risiko besteht bei Schizophrenien, schweren affektiven Störungen und Borderline-Persönlichkeitsstörungen.

Bedarfsermittlung

Die Klassifikation der mentalen Funktionen ist für die Bedarfsermittlung nicht erforderlich, sondern die konkrete Ausprägung. Die Erfassung der mentalen Funktionen ist Grundlage der Bedarfsermittlung, da sich aus der Wechselwirkung mit den Kontextfaktoren das Ausmaß der konkreten Teilhabebeeinträchtigung ergibt. Sie kann durch eine psychologische oder ärztlich-psychiatrische Fachkraft erhoben werden. Der Vorzug ist, dass die individuelle Ausprägung der mentalen Funktionen unabhängig von der Gesundheitsstörung erfasst wird. Wie die Rekonstruktion von Sandras Lebensgeschichte zeigt, hat Sandra mentale Funktionen ausgebildet, die keine Beeinträchtigungen, sondern Ressourcen sind.

Für die Rehabilitationsleistung ist nicht relevant, ob eine Person die Diagnose Schizophrenie hat, aber es ist relevant, ob sie akustische (b1560), visuelle (b1561), olfaktorische (b1562) oder gustatorische (b1563) Halluzinationen hat und wie diese ausgeprägt sind. Sehr relevant ist die vierte Ziffer, in der die jeweilige Funktion näher bestimmt wird. Für leistungsberechtigte Personen mit Psychosen stehen z. B. die Unterkategorien der »Funktionen der Wahrnehmung« (b156) und der »Funktionen des Denkens« (b160) hinsichtlich der Beeinträchtigung im Vordergrund. Dabei ist wichtig, dass die Funktionseinschränkung konkret beschrieben wird, wie z. B. imperative Stimmen in so und so vielen Stunden, insbesondere bei dem Kontakt mit nahestehenden Personen.

Für die Erfassung der beeinträchtigungsunabhängigen Funktionen sind besonders die Unterkategorien der »Emotionalen Funktionen« (b152), der »Höheren kognitiven Funktionen« (b164) und der »Die Selbstwahrnehmung und die Zeitwahrnehmung betreffende Funktionen« (b180) relevant.

Für Sandra wäre die Erfassung der Kategorien »Emotionale Funktionen« (b152) mit den Unterkategorien »(Situations-)Angemessenheit der Emotion« (b1520), »Affektkontrolle« (b1521) und »Spannweite von Emotionen« (b1522: Liebe, Hass, Angst, Sorgen, Freude, Furcht und Ärger) für die Einschätzung der Teilhabebeeinträchtigung relevant gewesen.

In Kenntnis ihrer Geschichte bis zum 20. Lebensjahr sind auch »Globale psychosoziale Funktionen« (b122) zu beachten, hinter denen sich interpersonale Fähigkeiten verbergen, die für den Aufbau reziproker sozialer Interaktionen benötigt werden – vermutlich schon damals eine bei Sandra schwach ausgebildete Fähigkeit.

Ebenfalls wenig ausgebildet ist die Unterkategorie »Selbstvertrauen« (b1266) in der Kategorie »Funktionen von Temperament und Persönlichkeit« (b126). Gleichzeitig finden sich in dieser Kategorie Fähigkeiten, die Stärken von Sandra beschreiben, wie »Gewissenhaftigkeit« (b1262), »Offenheit gegenüber neuen Erfahrungen« (b1264) und »Zuverlässigkeit« (b1267).

Für die Planung von Rehabilitationsmaßnahmen bei Menschen mit psychischen Beeinträchtigungen sind die personbezogenen Faktoren besonders relevant. Nur mit vorhandenen Fähigkeiten können Funktionsbeeinträchtigungen überwunden und Aktivitäten zur Teilhabe entwickelt werden.

Antragstellung

Die Feststellung der mentalen Beeinträchtigungen ist der erste Schritt der individuellen und funktionsbezogenen Bedarfsermittlung und eine gute Grundlage für einen erfolgreichen Antrag auf Leistungen der medizinischen Rehabilitation. Dieser ist bei der zuständigen Krankenkasse zu stellen, die nach § 6 Absatz 1 Nummer 1 der leistende Rehabilitationsträger nach § 14 SGB IX ist. Die Krankenkasse stellt innerhalb von zwei Wochen nach Eingang des Antrags fest, ob sie nach dem für sie geltenden Leistungsgesetz zuständig ist. Stellt sie bei der Prüfung fest, dass sie nicht zuständig ist, reicht sie den Antrag unverzüglich dem nach ihrer Ansicht zuständigen Rehabilitationsträger weiter. Der Rehabilitationsträger, an den der Antrag weitergeleitet wurde, darf dann im Gegensatz zu der früheren Praxis den Antrag nicht weiterleiten, sondern muss innerhalb von drei Wochen nach Antragseingang entscheiden.

Es ist allerdings davon auszugehen, dass die zuständige Krankenkasse die Leistungsvoraussetzung durch ein ärztliches Gutachten prüfen lässt und dieses in der Regel zu dem Schluss kommen wird, dass die Voraussetzungen für die Aufnahme in eine Rehabilitationseinrichtung für psychisch Kranke (RPK) nicht vorliegen. Der Antrag wird also vermutlich weitergeleitet an den Träger der Eingliederungshilfe. Dieser ist dann nach § 15 für die Erstellung des Teilhabeplans nach § 19 SGB IX zuständig, den er im Rahmen des Gesamtplanverfahrens nach § 117 SGB IX erstellt (s. S. 84). Im Rahmen der Gesamtplanung ist er verpflichtet, auch die Leistungen der medizinischen Rehabilitation nach § 42 SGB IX (s. S. 68 f.) festzustellen, für die die Krankenkasse allerdings die Kosten zu tragen hat.

Für unser Gedankenexperiment gehen wir jedoch von den gesetzlichen Vorschriften aus, dass die GKV für die Leistungen der medizinischen Rehabilitation nach § 42 SGB IX ihre Leistungspflicht akzeptiert. Dann stellt sie nach § 14 Absatz 2 Satz 1 SGB IX »den Rehabilitationsbedarf anhand der Instrumente der Bedarfsermittlung nach § 13 SGB IX unverzüglich und umfassend fest«. Wenn gemäß § 14 Absatz 2 Satz 2 SGB IX kein Gutachten eingeholt werden muss, entscheidet die Krankenkasse innerhalb von drei Wochen nach Antragseingang über die Leistungen.

Stellt der Rehabilitationsträger fest, »dass der Antrag neben den nach seinem Leistungsgesetz zu erbringenden Leistungen weitere Leistungen zur Teilhabe umfasst, für die er nicht Rehabilitationsträger sein kann, leitet er den Antrag insoweit unverzüglich dem nach seiner Auffassung zuständigen Rehabilitationsträger zu« (§ 15 Absatz 1 Satz 1 SGB IX). Angesichts der

Erwerbslosigkeit von Sandra kommen »Leistungen zur Teilhabe am Arbeitsleben« (§ 5 Nummer 2 SGB IX) oder »Leistungen zur Teilhabe an Bildung« (§ 5 Nummer 4 SGB IX) in Betracht, für die die Agentur für Arbeit bzw. der Träger der öffentlichen Jugendhilfe sowie der Eingliederungshilfe zuständige Rehabilitationsträger sind.

§ 15 SGB IX

Leistungsverantwortung bei Mehrheit von Rehabilitationsträgern
(2) Hält der leistende Rehabilitationsträger für die umfassende Feststellung der Leistungen des Rehabilitationsbedarfs nach § 14 Absatz 2 die Feststellungen weiterer Rehabilitationsträger für erforderlich (...), fordert er von diesen Rehabilitationsträgern die für den Teilhabeplan nach § 19 erforderlichen Feststellungen unverzüglich an und berät diese nach § 19 übergreifend.

Teilhabeplan

Der Teilhabeplan ist das Kernstück zur Koordinierung der Leistungen nach SGB IX für Personengruppen mit komplexem Teilhabebedarf. In ihm wird das Prinzip der Leistungen wie aus einer Hand realisiert. Die Phase der Planung wird mit dieser Vorschrift ernst genommen und verpflichtet die beteiligten Rehabilitationsträger nicht nur zu einer sorgfältigen Abstimmung der »nach dem individuellen Bedarf voraussichtlich erforderlichen Leistungen« (§ 19 Absatz 1 SGB IX), sondern auch zu einer Abstimmung der Planungsinstrumente. Für die Bedarfsermittlung eignen sich die an der ICF orientierten Instrumente am besten, sie sind gesetzlich allerdings nur für den Träger der Eingliederungshilfe vorgeschrieben.

§ 19 SGB IX

Teilhabeplan
(1) Soweit Leistungen verschiedener Leistungsgruppen oder mehrerer Rehabilitationsträger erforderlich sind, ist der leistende Rehabilitationsträger dafür verantwortlich, dass er und die nach § 15 beteiligten Rehabilitationsträger im Benehmen miteinander und in Abstimmung mit den Leistungsberechtigten die nach dem individuellen Bedarf voraussichtlich erforderlichen Leistungen hinsichtlich Ziel, Art und Umfang funktionsbezogen feststellen und schriftlich oder elektronisch so zusammenstellen, dass sie nahtlos ineinandergreifen.

Erst die Abstimmung der beteiligten Rehabilitationsträger stellt sicher, dass die leistungsberechtigte Person die Leistungen erhält, die für die gleichberechtigte Teilhabe am gesellschaftlichen Leben erforderlich sind. Frei von Krankheitssymptomen muss sie nicht werden. Wenn es ihr zur gleichberechtigten Teilhabe genügt, wieder allein einkaufen gehen zu können, kann das für eine Person mit sozialen Ängsten ausreichend sein.

Für die Abstimmung der Rehabilitationsträger ist die Teilhabeplankonferenz nach § 20 SGB IX unverzichtbar. Nach § 6 Absatz 1 Nummer 1 bis 6 SGB IX kann der zuständige Rehabilitationsträger die Teilhabeplankonferenz mit Zustimmung der leistungsberechtigten Person einberufen, um die Feststellungen der verschiedenen Rehabilitationsträger abzustimmen. Der Träger der Eingliederungshilfe ist verpflichtet, den Bedarf für alle Teilhabeleistungen festzustellen. Er muss bei der Durchführung der Teilhabeplankonferenz gemäß § 21 SGB IX (s. S. 83) daher die Vorschriften der Gesamtplanung beachten.

§ 20 SGB IX

Teilhabeplankonferenz

(1) Mit Zustimmung der Leistungsberechtigten kann der für die Durchführung des Teilhabeplanverfahrens nach § 19 verantwortliche Rehabilitationsträger zur gemeinsamen Beratung der Feststellungen zum Rehabilitationsbedarf eine Teilhabekonferenz durchführen. Die Leistungsberechtigten, die beteiligten Rehabilitationsträger und die Jobcenter können dem nach § 19 verantwortlichen Rehabilitationsträger eine Teilhabekonferenz vorschlagen. Von dem Vorschlag kann abgewichen werden, wenn eine Einwilligung nach § 23 Absatz 2 nicht erteilt wurde oder Einvernehmen der beteiligten Leistungsträger besteht, dass

1. der zur Feststellung des Rehabilitationsbedarfs maßgebliche Sachverhalt schriftlich ermittelt werden kann oder
2. der Aufwand zur Durchführung nicht in einem angemessenen Verhältnis zum Umfang der beantragten Leistung steht.

(2) Wird von dem Vorschlag der Leistungsberechtigten auf Durchführung einer Teilhabekonferenz abgewichen, sind die Leistungsberechtigten über die dafür maßgeblichen Gründe zu informieren und hierzu anzuhören. Von dem Vorschlag der Leistungsberechtigten kann nicht abgewichen werden, wenn Leistungen an Mütter und Väter mit Behinderungen bei der Versorgung und Betreuung ihrer Kinder beantragt wurden.

(3) An der Teilhabeplankonferenz nehmen Beteiligte nach § 12 des Zehnten Buches sowie auf Wunsch der Leistungsberechtigten die Bevollmächtigten und Beistände nach § 13 des Zehnten Buches sowie sonstige Vertrauenspersonen teil. Auf Wunsch oder mit Zustimmung der Leistungsberechtigten können Rehabilitationsdienste, Rehabilitationseinrichtungen und Jobcenter sowie sonstige beteiligte Leistungserbringer an der Teilhabeplankonferenz teilnehmen. Vor der Durchführung einer Teilhabeplankonferenz sollen die Leistungsberechtigten auf die Angebote der ergänzenden unabhängigen Teilhabeberatung nach § 32 besonders hingewiesen werden.

Beteiligte nach § 12 SGB X sind unter anderen »diejenigen, mit denen die Behörde einen öffentlich-rechtlichen Vertrag schließen will oder geschlossen hat«, also Leistungserbringer, mit denen ein Versorgungsvertrag oder eine Leistungsvereinbarung besteht. Damit wären alle relevanten Leistungserbringer im Gemeindepsychiatrischen Verbund zu beteiligen. Außerdem kann auf Wunsch der leistungsberechtigten Person eine Vertrauensperson an der Teilhabeplankonferenz teilnehmen, bei Leistungen der Eingliederungshilfe ist dies für das gesamte Verfahren verpflichtend.

Sandra hätte auf jeden Fall eine Teilhabekonferenz vorgeschlagen, wenn sie in der verpflichtenden Beratung auf diese Möglichkeit hingewiesen worden wäre. Die Krankenkasse hätte die Teilhabekonferenz einberufen und neben Sandra einladen müssen: die Vertrauensperson aus dem Sozialpsychiatrischen Dienst, den sozialen Dienst der öffentlichen Jugendhilfe, den Träger der Eingliederungshilfe für Leistungen zur Teilhabe an Bildung, die Agentur für Arbeit, die Leistungserbringer der ambulanten Soziotherapie, der häuslichen psychiatrischen Krankenpflege und der ambulanten Ergotherapie.

Leistungen der medizinischen Rehabilitation

Im Vordergrund der von der GKV einberufenen Teilhabekonferenz stehen Leistungen der ambulanten medizinischen Rehabilitation. Eine RPK-Maßnahme wäre für Sandra nicht geeignet gewesen, da sie nicht lernen musste, sich in einem Setting mit festen Regeln zu behaupten, für sie wäre es darauf angekommen, in ihrem Sozialraum eine Lebensperspektive zu entwickeln.

Für die Krankenkasse sind die Leistungen der medizinischen Rehabilitation in § 42 SGB IX geregelt. Sie sind wortgleich mit den Regelungen im SGB IX bis 31.12.2017.

§ 42 SGB IX

Leistungen zur medizinischen Rehabilitation

(1) Zur medizinischen Rehabilitation von Menschen mit Behinderungen und von Behinderung bedrohter Menschen werden die erforderlichen Leistungen erbracht, um

1. Behinderungen einschließlich chronischer Krankheiten abzuwenden, zu beseitigen, zu mindern, auszugleichen, eine Verschlimmerung zu verhüten oder
2. Einschränkungen der Erwerbsfähigkeit und Pflegebedürftigkeit zu vermeiden, zu überwinden, zu mindern, eine Verschlimmerung zu verhindern sowie den vorzeitigen Bezug von laufenden Sozialleistungen zu verhüten oder laufende Sozialleistungen zu mindern.

(2) Leistungen zur medizinischen Rehabilitation umfassen insbesondere

1. Behandlung durch Ärzte, Zahnärzte und Angehörige anderer Heilberufe, soweit deren Leistungen unter ärztlicher Aufsicht oder auf ärztliche Anordnung ausgeführt werden, einschließlich der Anleitung, eigene Heilungskräfte zu entwickeln,
2. Früherkennung und Frühförderung für Kinder mit Behinderungen und von Behinderung bedrohte Kinder,
3. Arznei- und Verbandsmittel,
4. Heilmittel einschließlich physikalischer, Sprach- und Beschäftigungstherapie,
5. Psychotherapie als ärztliche und psychotherapeutische Behandlung,
6. Hilfsmittel sowie
7. Belastungserprobung und Arbeitstherapie.

(3) Bestandteil der Leistungen nach Absatz 1 sind auch medizinische, psychologische und pädagogische Hilfen, soweit diese Leistungen im Einzelfall erforderlich sind, um die in Absatz 1 genannten Ziele zu erreichen. Solche Leistungen sind insbesondere

1. Hilfen zur Unterstützung bei der Krankheits- und Behinderungsverarbeitung,
2. Hilfen zur Aktivierung von Selbsthilfepotentialen,
3. die Information und Beratung von Partnern und Angehörigen sowie von Vorgesetzten und Kollegen, wenn die Leistungsberechtigten dem zustimmen,

4. die Vermittlung von Kontakten zu örtlichen Selbsthilfe- und Beratungsmöglichkeiten,
5. Hilfen zur seelischen Stabilisierung und zur Förderung der sozialen Kompetenz, unter anderem durch Training sozialer und kommunikativer Fähigkeiten und im Umgang mit Krisensituationen,
6. das Training lebenspraktischer Fähigkeiten sowie
7. die Anleitung und Motivation zur Inanspruchnahme von Leistungen der medizinischen Rehabilitation.

Die Leistungen der medizinischen Rehabilitation werden nach den Vorschriften des SGB V erbracht, jedoch von der GKV mittels individueller und funktionsbezogener Bedarfsermittlung gemäß § 13 SGB IX festgestellt. Das Fallmanagement der GKV hat daher die Aufgabe, die ermittelten Bedarfe für Leistungen nach § 42 SGB IX auf die Leistungen nach SGB V zu übertragen. Insbesondere die Leistungen nach Absatz 3 sind geprägt von der Philosophie des Empowerments und der Recovery, wonach Selbstbestimmung und Selbstbefähigung zu stärken sind. In Absatz 1 wird nochmals explizit der Grundsatz aus § 4 SGB IX erwähnt, dass Einschränkungen der Erwerbsfähigkeit und Pflegebedürftigkeit durch die Leistungen der medizinischen Rehabilitation vermieden werden sollen.

Feststellung der Rehabilitationsleistungen

Der Teilhabeplan der 15-jährigen Sandra hätte an der Initiative der Jugendhilfe zur Ablösung aus der Familie ansetzen und gleichzeitig die psychischen Beeinträchtigungen infolge der schwierigen lebensgeschichtlichen Entwicklung berücksichtigen können. Die in § 42 Absatz 3 SGB IX beschriebenen Hilfen können durch die Leistung der Mobilen Medizinischen Rehabilitation nach § 111c SGB V erbracht werden (s. S. 75 f.). Diese Leistung ist bisher ausschließlich als Leistung der geriatrischen Rehabilitation möglich. Sie wird jedoch in Stuttgart im Rahmen eines Modellprojekts zur sektorenübergreifenden Versorgung erprobt. Ziel ist eine Rahmenvereinbarung für Mobile Psychiatrische Rehabilitation. Mit diesen Leistungen könnten Hilfen der medizinischen Rehabilitation im gewohnten Lebensumfeld durch ein multiprofessionelles Team für drei Monate erbracht werden. In dieser Zeit würden komplexe Hilfen geleistet und mit der leistungsberechtigten Person würde ein langfristiger Rehabilitationsplan entwickelt werden.

Angesichts der zu Sandra nicht passenden Berufsausbildung müsste der Rehabilitationsplan an der Entwicklung einer neuen Berufsperspektive mit einer entsprechenden Ausbildung ansetzen. Erste Schritte auf dem Weg dahin wären die mentale Ablösung von der Mutter und die Formulierung eigenständiger Wünsche und Ziele. Dazu könnte eine ambulante psychotherapeutische Behandlung vereinbart werden, mit der Sandra den sozialen und emotionalen Anschluss an ihre neue Lebenswelt bekommt.

Eine eigene Wohnung unabhängig von ihrer Familie würde Selbstbestimmung und Selbstständigkeit fördern, Sandra könnte in einer zweiten Berufsausbildung ihre Ziele verfolgen und sich gegenüber Kolleginnen und vorgesetzten Personen behaupten. Um das Risiko des Rückzugs aus dem gesellschaftlichen Leben bei anfänglichen Misserfolgen zu verringern, wäre parallel zu der psychotherapeutischen Behandlung die soziale Unterstützung im Alltag durch eine koordinierende Bezugsperson hilfreich. Diese kann über Leistungen der ambulanten Soziotherapie gewährleistet werden, die über die psychotherapeutische Fachperson für maximal 120 Stunden in einem Zeitraum von drei Jahren verordnet werden kann.

Soziotherapie-Richtlinie (Auszug)
(G-BA – Gemeinsamer Bundesausschuss 2021, S. 4 f.)

§ 3 Leistungsinhalt

(1) Soziotherapie umfasst die im Folgenden aufgeführten Leistungen, welche den Patienten zur selbständigen Inanspruchnahme ärztlicher oder psychotherapeutischer sowie ärztlich oder psychotherapeutisch verordneter Maßnahmen befähigen sollen.

(2) Folgende Leistungen sind in jedem Fall zu erbringen:

a. Erstellung des soziotherapeutischen Betreuungsplans: Die Verordnerin oder der Verordner, der soziotherapeutische Leistungserbringer und die oder der Versicherte wirken bei der Erstellung des soziotherapeutischen Betreuungsplans zusammen.
b. Koordination von Behandlungsmaßnahmen und Leistungen: Der soziotherapeutische Leistungserbringer koordiniert die Inanspruchnahme ärztlicher oder psychotherapeutischer Behandlung und verordneter Leistungen für die Patientin oder den Patienten gemäß dem soziotherapeutischen Betreuungsplan. Dies umfasst sowohl aktive Hilfe und Begleitung als auch Anleitung zur Selbsthilfe. Dabei soll der soziotherapeutische Leistungserbringer die Patienten zur Selbständigkeit anleiten und sie so von der soziotherapeutischen Betreuung unabhängig machen.

c. Arbeit im sozialen Umfeld: Der soziotherapeutische Leistungserbringer analysiert die häusliche, soziale und berufliche Situation der Patientin oder des Patienten und kann zur Unterstützung Familienangehörige und den Freundes- und Bekanntenkreis einbeziehen. Um die Therapieziele zu erreichen, kann er die Patientin oder den Patienten an komplementäre Dienste heranführen.
d. Soziotherapeutische Dokumentation: Der soziotherapeutische Leistungserbringer dokumentiert fortlaufend Ort, Dauer und Inhalt der Arbeit mit und für die Patientin oder den Patienten und deren oder dessen Entwicklung; er berichtet der Verordnerin oder dem Verordner über den Stand der Behandlung (bei gravierender Befundänderung umgehend). Die soziotherapeutische Dokumentation enthält insbesondere Angaben zu:
   - den durchgeführten soziotherapeutischen Maßnahmen (Art und Umfang),
   - dem Behandlungsverlauf und
   - den bereits erreichten bzw. den noch verbliebenen Therapie(teil)zielen.

(3) Folgende Leistungen können ggf. aufgrund der Struktur der spezifischen Patientenprobleme vom soziotherapeutischen Leistungserbringer erbracht werden:
a. Motivations(antriebs)relevantes Training: Mit der Patientin oder dem Patienten werden praktische Übungen zur Verbesserung von Motivation, Belastbarkeit und Ausdauer durchgeführt. Sie finden im Lebensumfeld der Patientin oder des Patienten statt.
b. Training zur handlungsrelevanten Willensbildung: Das Training beinhaltet die Einübung von Verhaltensänderungen, Übungen zur Tagesstrukturierung und zum planerischen Denken. Dabei ist Hilfestellung bei der Bewältigung von Konflikten zu geben und eine selbständige Konfliktlösung bzw. Konfliktvermeidung einzuüben.
c. Anleitung zur Verbesserung der Krankheitswahrnehmung: Diese beinhaltet Hilfen beim Erkennen von Krisen (Frühwarnzeichen) und zur Krisenvermeidung, sowie die Förderung der Compliance und von gesunden Persönlichkeitsanteilen.
d. Hilfe in Krisensituationen: Bei auftretenden Krisen erfolgt entsprechende Hilfe, gegebenenfalls auch aufsuchend, zur Vermeidung erheblicher Verschlimmerung sowohl der Krankheit als auch der häuslichen, sozialen und beruflichen Situation der Patientin oder des Patienten.

Die Frage der beruflichen Perspektive könnte durch die begleitende Unterstützung der ambulanten Ergotherapie angegangen werden, wie sie in Geesthacht erfolgreich praktiziert wurde (Heißler 2021). Die ambulante Ergotherapie würde an dem auf der Rekonstruktion der Biografie fußenden Rehabilitationsplan anknüpfen. In der ersten Berufsausbildung ließ sich Sandra von ihrer Familie und den Schulkameraden treiben, bei der zweiten Berufsausbildung könnte für Sandra nach dem Auszug aus der Herkunftsfamilie die Heilung ihrer traumatischen Familienerfahrungen wichtiger sein. Die ambulante Ergotherapie müsste daher in enger Abstimmung mit der Psychotherapie erfolgen. Gemeinsam mit dem Leistungsträger der Teilhabe am Arbeitsleben wäre zunächst festzustellen, welche Berufe Sandras Fähigkeiten entsprechen. Die ermittelten mentalen Funktionen wären bei dieser Beratung und Begleitung hilfreich.

Da davon auszugehen ist, dass Sandras psychosoziale Entwicklung trotz der vielfältigen Unterstützung nicht harmonisch verlaufen würde, wäre bei der Rehabilitationsplanung die Bewältigung psychischer Krisen zu berücksichtigen. Aufenthalte in der psychiatrischen Klinik, gegebenenfalls durch eine Unterbringungsmaßnahme, würden die Bildung einer selbstbestimmten Persönlichkeit empfindlich stören. Durch eine Krisenvereinbarung mit der koordinierenden Bezugsperson könnte Sandra selbstbestimmt festlegen, dass eine Krisenintervention vorrangig im Rahmen der psychiatrischen häuslichen Krankenpflege erfolgen sollte. Diese könnte von ihrer Psychotherapeutin verordnet werden, dann würde der psychiatrische Pflegedienst für einen Zeitraum von mindestens vier Monaten Sandra zweimal täglich jeweils eine Stunde bei der Bewältigung von Krisensituationen und der Entwicklung kompensatorischer Hilfen unterstützen.

Die Richtlinie der psychiatrischen häuslichen Krankenpflege wurde 2020 reformiert. Wenn sie in ein psychiatrisches Verbundsystem eingebunden ist, kann sie helfen, die stationäre oder stationsäquivalente Behandlung zu vermeiden oder zu verkürzen.

Besonderheiten der psychiatrischen häuslichen Krankenpflege in der Richtlinie häusliche Krankenpflege
(Zusammenfassung § 4, vgl. G-BA – Gemeinsamer Bundesausschuss 2021, S. 7 ff.)

Die Leistungen der psychiatrischen häuslichen Krankenpflege sollen dazu beitragen, »dass Versicherte so weit stabilisiert werden, dass sie ihr Leben im Alltag im Rahmen ihrer Möglichkeiten selbstständig bewältigen und koordinieren sowie Therapiemaßnahmen in Anspruch nehmen können. Dabei ist das soziale Umfeld zu berücksichtigen.«

Mit der Richtlinie wird eine klare Abgrenzung zu Leistungen der Eingliederungshilfe und der Pflegeversicherung vorgenommen und die psychiatrische häusliche Krankenpflege als Krisenintervention zur Wiederherstellung der Selbstständigkeit im Rahmen der individuellen Möglichkeiten definiert.

Die Leistung »Psychiatrische häusliche Krankenpflege« des Leistungsverzeichnisses Häusliche Krankenpflege umfasst nach Nr. 27a:

- »**Erarbeiten** der Pflegeakzeptanz (Beziehungsaufbau),
- **Durchführen** von Maßnahmen zur Bewältigung von Krisensituationen,
- **Training von Fähigkeiten und Fertigkeiten** zum eigenverantwortlichen Umgang mit der Erkrankung beziehungsweise Entwickeln von kompensatorischen Hilfen bei krankheitsbedingten Beeinträchtigungen der Aktivitäten (Fähigkeitsstörungen),
- **Unterstützung** zur Kontaktaufnahme zu anderen an der Versorgung beteiligten Einrichtungen.« (Hervorhebung im Original)

Die Leistungen können bis zu vier Monate mit bis zu 14 Einheiten pro Woche erbracht werden: »Die psychiatrische häusliche Krankenpflege wird in Form von Einheiten abgegeben. Eine Einheit umfasst 60 Minuten. Die Therapieeinheiten können in kleinere Zeiteinheiten maßnahmebezogen aufgeteilt werden.«

»(3) Voraussetzung für die Verordnung von Maßnahmen der psychiatrischen häuslichen Krankenpflege ist, dass die oder der Versicherte über eine ausreichende Behandlungsfähigkeit verfügt, um im Pflegeprozess die in Absatz 8 Satz 1 genannten Beeinträchtigungen der Aktivitäten (Fähigkeitsstörungen) positiv beeinflussen zu können, und zu erwarten ist, dass das mit der Behandlung verfolgte Therapieziel von der oder dem Versicherten umgesetzt werden kann.
(4) [1]Können die in Absatz 3 genannten Voraussetzungen zum Zeitpunkt der erstmaligen Verordnung durch die Verordnerin oder den Verordner eingeschätzt werden, kann die psychiatrische häusliche Krankenpflege für einen Zeitraum von mehr als 14 Tagen verordnet werden. [2]Die Verordnerin oder der Verordner hat sich über den Erfolg der verordneten Maßnahmen zu vergewissern. [3]Können die in Absatz 3 genannten Voraussetzungen zum Zeitpunkt der Verordnung durch die Verordnerin oder den Verordner nicht eingeschätzt werden, ist eine

Erstverordnung nur bis zu 14 Tagen möglich. [4]Ist in dem Zeitraum nach Satz 3 eine diesbezügliche Einschätzung abschließend noch nicht möglich, kann eine Folgeverordnung für weitere 14 Tage ausgestellt werden. [5]Zeichnet sich in diesem Zeitraum ab, dass Pflegeakzeptanz und Beziehungsaufbau nicht erreicht werden können, ist eine (erneute) Folgeverordnung nicht möglich.
(5) Im Rahmen der psychiatrischen häuslichen Krankenpflege sind die relevanten Bezugspersonen der oder des Versicherten einzubeziehen und im Umgang mit der Erkrankung anzuleiten, soweit dies im Einzelfall notwendig und erwünscht ist. Zudem soll die Pflege in den (gemeinde-)psychiatrischen Verbund oder andere vernetzte Behandlungsstrukturen eingebunden, das Umfeld beteiligt und die soziale Integration gewährleistet werden.«

Neue Diagnosegruppen wurden aufgenommen, insbesondere Zwangsstörungen und emotional instabile Persönlichkeitsstörungen. Im Einzelfall können alle F-Diagnosen aufgenommen werden, wenn Fähigkeitsstörungen in einem Maß vorliegen, »dass das Leben im Alltag nicht mehr selbstständig bewältigt oder koordiniert werden kann« (GAF-Wert von ≤ 40) und eine ausreichende Behandlungsfähigkeit vorliegt.
»(11) [1]Wurden die Therapieziele vor Ablauf des Verordnungszeitraums erreicht, endet der Anspruch auf psychiatrische häusliche Krankenpflege. [2]Sind die Therapieziele nicht mehr mit den Möglichkeiten der psychiatrischen häuslichen Krankenpflege erreichbar oder fehlt anhaltend die Mitwirkung, ist die Maßnahme der psychiatrischen häuslichen Krankenpflege zu beenden.«

Die Verordnung von Maßnahmen der psychiatrischen häuslichen Krankenpflege kann parallel zu der Verordnung von Leistungen der Soziotherapie erfolgen, wenn sich beide aufgrund ihrer jeweils spezifischen Zielsetzung ergänzen. Auch das ist eine Regelung, die im Sinne der Leistungen wie aus einer Hand in den Gemeindepsychiatrischen Verbund passt. Die Leistung der Soziotherapie bezieht sich auf die Orientierung im Sozialraum, wird von anderen Berufsgruppen erbracht und wird für einen längeren Zeitraum erbracht als die psychiatrische häusliche Krankenpflege, die auf die Krisenbewältigung zu Hause zielt. In Sandras Teilhabeplan könnte sowohl die Begleitung zur Bewältigung des Alltags durch eine koordinierende Bezugsperson als auch die Krisenintervention abgedeckt werden.

Ein Teilhabeplan umfasst immer mehrere Rehabilitationsleistungen, die koordiniert wie aus einer Hand erbracht werden. Da sie unterschiedliche Fachgebiete umfassen, müssen sie nicht von einem Leistungserbringer erbracht werden, aber die verschiedenen Fachkräfte kommen in keinem Fall umhin, ihre Leistungen miteinander abzusprechen. Die Abstimmung der ambulanten Rehabilitationsleistungen werden im Rehabilitationsplan festgelegt, der im Rahmen der Mobilen Psychiatrischen Rehabilitation erarbeitet wird.

Mobile Rehabilitation (nach Fegert u. a. 2022)

Mobile Rehabilitationsleistungen in Ergänzung zu ambulanten und stationären Rehabilitationsleistungen wurden mit dem GKV-Versorgungsstärkungsgesetz ausdrücklich in § 40 Absatz 1 SGB V aufgenommen. Leistungen der Mobilen Psychiatrischen Rehabilitation können von Leistungserbringern der Rehabilitation als Mobile Rehabilitation mit einem Versorgungsvertrag nach § 111c SGB V erbracht werden, der auch für das Betreiben einer RPK erforderlich ist. Für Leistungen der Mobilen Psychiatrischen Rehabilitation gibt es bisher keine Rahmenempfehlung der GKV, diese gibt es mit den Rahmenempfehlungen vom 01.05.2007 nur für Leistungen der Mobilen Geriatrischen Rehabilitation. Mit den gemeinsamen Rahmenempfehlungen vom 01.06.2021 wurden jedoch Empfehlungen für eine Mobile Indikationsspezifische Rehabilitation aufgenommen. Darunter wird auch die Personengruppe mit schweren psychischen Beeinträchtigungen subsummiert, nämlich Personen mit »erheblichen Schädigungen mentaler Funktionen, deren Ausprägung und Handlungsrelevanz bei Verlust gewohnter räumlicher und sozialer Bezüge derart zuzunehmen drohen, dass rehabilitative Maßnahmen nur unter Erhalt dieser Bezüge erfolgversprechend erscheinen (Hinweise hierauf können z. B. Ängste, Wahnvorstellungen, psychomotorische Unruhe und Agitiertheit, delirantes Syndrom, schwere Störungen des Schlaf-Wachrhythmus, ggf. mit Bedarf zusätzlicher Pharmakotherapie u. ä. im Rahmen eines vorangehenden Akutkrankenhausaufenthaltes sein)« (GKV-Spitzenverband 2021, S. 36).

Welche Fachabteilung einer Rehabilitationseinrichtung für die Erbringung der Mobilen Rehabilitation geeignet ist, solle durch eine Empfehlung des verordnenden Facharztes geklärt werden. »Für die Sicherstellung einer qualitativ hochwertigen Versorgung der Versicherten sollte mobile indikationsspezifische Rehabilitation bevorzugt durch Einrichtungen erbracht werden, die bereits an der indikationsbezogenen-rehabilitativen Versorgung oder mobil-rehabilitativen Versorgung von Patienten beteiligt sind. Die Schaffung neuer, ausschließlich mobiler indikationsspezifischer Rehabilitationseinrichtungen ist damit aber nicht ausgeschlossen.« (ebd.)

Für die Versorgung von Menschen mit schweren psychischen Erkrankungen sind mobile psychiatrische Rehabilitationseinrichtungen in einem vernetzten System wie dem Gemeindepsychiatrischen Verbund anzustreben. Baden-Württemberg fördert im Rahmen des Modellprogramms zur sektorenübergreifenden Versorgung ein Projekt »Mobile Medizinische Rehabilitation für Psychisch Erkrankte« (MMRP) bei der Rudolf-Sophien-Stift gGmbH Stuttgart.

Mit der Mobilen Medizinischen Rehabilitation für Psychisch Kranke (MMRP) wird eine aufsuchend, d. h. vorwiegend im häuslichen und sozialen Umfeld des Betroffenen durchgeführte indikationsspezifische Rehabilitation für Menschen mit erheblichen psychischen Beeinträchtigungen unter Nutzung definierter Reha-Bausteine angeboten. Die MMRP ist eine multiprofessionelle Komplexleistung mit ärztlichen, psychologischen, pflegerischen, sozialarbeiterischen, ergotherapeutischen und arbeitserzieherischen Bestandteilen, bei der Module und Erfahrungen aus der stationären und ambulanten Rehabilitation psychisch Kranker entsprechend der RPK-Empfehlungsvereinbarung und den bisher verfügbaren mobilen Rehabilitationsmodellen in Geriatrie und Neurologie an die Bedürfnisse und Zielsetzungen von Menschen mit einer psychischen Beeinträchtigung und entsprechenden Funktions- und Teilhabestörungen angepasst wurden.

Über den Erfolg der Maßnahmen kann nur spekuliert werden. Außer Frage steht, dass es für Sandra eine Chance gewesen wäre, das Leben auf ein Gleis zu bringen, das nicht mit psychischer Krankheit, sondern nur mit »normalem Unglück« belastet gewesen wäre. Menschen mit schweren psychischen Beeinträchtigungen stand die Möglichkeit der frühzeitigen Rehabilitation in ihrem gewohnten Lebensumfeld in der Vergangenheit nicht zur Verfügung. Sie waren in dieser Hinsicht trotz der formalen gesetzlichen Gleichstellung mit somatisch Erkrankten im Anschluss an die Psychiatrie-Enquete diesen gegenüber benachteiligt. Das BTHG hat im Zuge der UN-BRK zumindest auf der gesetzlichen Ebene eine Basis für einen gleichberechtigten Zugang zu den Leistungen der Rehabilitation und Teilhabe geschaffen.

Das Gedankenexperiment zeigt, dass die gesetzlichen Vorgaben eine konkrete Utopie darstellen. Für die Umsetzung der gesetzlichen Vorgaben bedarf es noch vieler Anstrengungen.

Von der Utopie zur Wirklichkeit: Die Krankengeschichte

Die Realität forderte Sandra einen einsamen und aussichtslosen Kampf ab. Das Leben verdüsterte sich für sie, wie es sich auch für Hölderlin in den Jahren vor der Aufnahme in die Autenriethsche Klinik verdüstert hat. Sie weiß nicht – um im Bild des hölderlinschen Gedichts zu bleiben –, woher sie den Sonnenschein und den Schatten der Erde nehmen soll. Es fehlt die Liebe und es fehlt die Zuversicht.

Sandra stürzt sich nach dem Motto »Augen zu und durch« in eine Ausbildung im Sozialbereich. Sie entfernt sich lebensweltlich weit von ihren Wurzeln und begibt sich auf ein Terrain, in dem sie eine hohe eigene Betroffenheit hat. Sie wird Haushalts- und Familienpflegerin bei der katholischen Sozialstation. Sie versucht die Unterstützung von Kindern in Familien zu ihrem Beruf zu machen und damit die Problematik ihrer gesamten Kindheit zu heilen. Sie setzt sich selbstlos für das ein, was ihre Mutter verweigert hat, nämlich die Familie zu pflegen.

Der Wechsel von der anonymen Tätigkeit in einem Supermarkt zu der »Beziehungsarbeit« in einer fremden Familie kostet Sandra viel Energie. Bereits während der Ausbildung stellt sie fest, dass sie mit diesem Beruf überfordert ist. Dass sie dennoch gute Praxisbeurteilungen bekommt, ist ein Hinweis darauf, dass sie alles gibt. Mit den Tugenden ihrer früheren Lebenswelt beißt Sandra sich durch und schließt nach einem einjährigen Berufspraktikum und kurz vor ihrem 21. Geburtstag ihre Ausbildung ab. In der Praxisbeurteilung wird ihr Zuverlässigkeit und Pünktlichkeit sowie stets korrektes, zuvorkommendes und freundliches Verhalten bescheinigt. In Stresssituationen stoße sie an Belastungsgrenzen, es wird ihr jedoch bescheinigt, dass sie für den Beruf als Familienpflegerin geeignet sei. Es ist davon auszugehen, dass mit der freundlichen Beurteilung einer überforderten Auszubildenden die Berufslaufbahn nicht von vornherein versperrt werden sollte. Das Zeugnis kann als Hinweis für künftige Arbeitgeber gelesen werden, Sandra emotional zu unterstützen.

Sandra selbst beschließt nach der Ausbildung, nicht als Haushalts- und Familienhilfe zu arbeiten, und ist in den folgenden eineinhalb Jahren arbeitssuchend bzw. krankgeschrieben. Das Scheitern war im Nachhinein betrachtet vorprogrammiert. Die im Zeugnis angesprochenen Belastungsgrenzen liegen klar auf der Hand. Sandra hatte es mit Kindern zu tun, die nicht so funktionierten wie sie selbst und bei denen mit Disziplin wenig auszurichten war.

Außerdem kam sie mit den häufig wechselnden Einsatzorten, bei denen sie sich immer wieder auf neue Familien einstellen musste, nicht klar.

Die Zerstörung der Illusion, selbstlos Familien pflegen und sich endlich von ihrer Mutter abgrenzen zu können, war schmerzhaft für Sandra. In den eineinhalb Jahren nach der Ausbildung zur Familienpflegerin unternahm sie verschiedene Versuche, ihre psychischen Probleme durch professionelle Hilfe in den Griff zu bekommen. So war sie in einer christlichen Therapieeinrichtung in Kassel, die sich an der evangelikalen Glaubensrichtung orientierte.

Im Alter von 22 Jahren verlässt Sandra Oberschwaben und zieht wieder in eine gänzlich neue Lebenswelt, nämlich in das Ruhrgebiet nach Essen. Dort kommt sie in der Wohnung einer Freundin unter, die sie in der Therapieeinrichtung kennengelernt hatte.

Sandra zeigt ein ähnliches Verhaltensmuster wie ihre Mutter: Sie setzt sich nicht mit den Problemen in ihrer Lebenswelt auseinander, sondern ergreift ohne weitere Planung eine sich eröffnende Gelegenheit zu gehen, in der Hoffnung, dass damit alles besser wird. Der Weggang hinterlässt ungeklärte Fragen, die das Verhältnis zur Mutter betreffen. Flieht Sandra vor ihrer Mutter, weil sie sich von ihrem Einfluss nicht frei machen kann? Entfernt sie sich räumlich von ihr, weil sie ihr in der Ausbildung nicht zeigen konnte, dass sie mit Familie besser umgehen kann als sie?

Ein großes Fragezeichen hinterlässt auf jeden Fall Sandras neue Arbeit. Obgleich ihr in der zweiten Ausbildung die Beziehungspflege große Probleme bereitete, sucht sie sich wieder eine soziale Tätigkeit. Sie macht ein knappes Jahr lang Nachtwache in einem Heim für schwerstbehinderte Menschen, wechselt also von der Familienpflege in die Behindertenpflege. Eine schwere Arbeit, die aber der Mentalität der Region entspricht. Im Ruhrpott zählt der Malocher, der Grubenarbeiter, der bei schwierigsten Bedingungen unter Tage arbeitet. Sandras Arbeitgeber ist eine der ältesten diakonischen Einrichtungen Deutschlands, die als »Rettungshaus« für Straßenkinder gegründet wurde. Sandra passt in das Malocher-Milieu, wie die Beurteilung im Arbeitszeugnis zeigt.

Laut Zeugnis umfassten ihre Aufgaben sozialpädagogische, alltagsbegleitende und medizinisch-pflegerische Tätigkeiten. Sandra wird bescheinigt, dass sie sich gut in die unterschiedlichen Aufgabenbereiche einarbeitete, den Dienst mit Sorgfalt und Einsatzbereitschaft versah und sich mit Interesse den schwierigen Aufgaben der Einrichtung stellte. Sie habe bei personellen Engpässen für zusätzliche Nachtdienste zur Verfügung gestanden und durch ihre menschenfreundliche Art einen guten und schnellen Zugang zu den geistig und schwerstmehrfachbehinderten Menschen gefunden. Sie habe

Verantwortungs- und Pflichtbewusstsein gezeigt und sei kooperativ und verantwortungsbewusst gewesen.

Offensichtlich hat Sandra wieder alles gegeben. Ein Privatleben oder gar eine Partnerschaft war angesichts der universellen Einsatzbereitschaft nicht denkbar. Man bekommt den Eindruck einer Getriebenen, die sich ganz im Sinne der protestantischen Ethik für die Sache aufopferte. Dass sie dies nur durch Disziplin leisten konnte, liegt auf der Hand. Der Energieaufwand muss immens gewesen sein, Sandra war nach dem Dreivierteljahr Nachtwache vollkommen ausgebrannt.

Bereits ein gutes Jahr vorher war sie in Essen erstmals in tagesklinischer Behandlung gewesen, von deren psychiatrischen Institutsambulanz sie bis 2006 ambulant betreut wurde. 2003 bis 2004 – also während ihrer Arbeit als Nachtwache -- wurde sie erstmalig stationär behandelt in einer psychosomatischen Fachklinik, vermittelt über eine freikirchliche Seelsorgerin. Dort wurde erstmals die Diagnose einer Borderline-Persönlichkeitsstörung gestellt. Danach fand die erste Aufnahme in einer psychiatrischen Landesklinik statt. Die psychiatrische Schlinge zog sich endgültig zu mit einer Zwangsunterbringung nach PsychKG im Jahr 2006 aufgrund erheblicher Selbstgefährdung. Die Diagnose, mit der die Unterbringung begründet wurde, lautete nun »Borderlinepersönlichkeitsstörung mit Depression und Posttraumatischer Belastungsstörung«, die nach Aussage der behandelnden Assistenzärztin »einer Psychose in ihrer Auswirkung gleichkommt«.

Im gleichen Jahr heiratet Sandra in Ravensburg anlässlich eines Besuches bei der Mutter einen Mann, den sie in der Klinik kennengelernt hat und der dort wegen eines Suizidversuchs behandelt worden war. Im September 2006 zieht das Paar in einen Teilort von Leutkirch im Allgäu in die Nachbarschaft der jüngeren Schwester, die dort mit Tochter und einem Partner lebt. Die Wohnung wird ihr von der Schwester vermittelt.

Offensichtlich betrachtet Sandra Oberschwaben als ihre Heimat, in die sie zurückkehrt, wenn es schwierig wird. Mit der Möglichkeit, in der Nähe der Schwester zu wohnen, kann sie in das Umfeld der Familie zurückkommen, ohne zu ihrer Mutter zu ziehen.

Der Landkreis Ravensburg ist der Ausgangsort des Versuchs, ein autonomes Leben zu führen. Der Kreisteil Allgäu mit seiner starken Traditionsverwurzelung und die frisch geschlossene Ehe hätten die Basis für einen Neuanfang sein können. Aber Sandra hat inzwischen das Stigma der Diagnose einer chronischen psychischen Erkrankung und einen Ehemann mit dem gleichen Stigma. Die Lebensgeschichte wird durch die Krankengeschichte abgelöst.

Mit der psychiatrischen Diagnose und zeitweise auftretenden Verhaltensauffälligkeiten ist der Status der chronischen psychischen Krankheit besiegelt. Die Krankheit wird als dauerhaft definiert und das abweichende Verhalten nun ausschließlich als Ausdruck der psychischen Krankheit betrachtet. Bei Sandra drückt sich das abweichende Verhalten in Selbstverletzungen, Suizidversuchen und verbalaggressiven Handlungen sowie zunehmend in sozialen Ängsten und Zwangshandlungen aus. Jede dieser abweichenden Verhaltensweisen ist ein Bestandteil alltäglicher Verhaltensweisen, im Rahmen der chronischen psychischen Krankheit wird ihnen aber immer ein Krankheitswert zugewiesen.

Die psychiatrische Klinik und die Psychiatrische Institutsambulanz zur ambulanten psychiatrischen Behandlung sind in Krisenzeiten Sandras Anker. Nach unzähligen Klinikaufnahmen wird die psychiatrische Abteilung für Sandra zum Familienersatz, dort wird sie endlich vor sich selbst geschützt. Eine Autonomie in ihrem Leben erreicht sie allerdings nicht. Für Hilfen zur Bewältigung des Alltags kommen ambulante oder stationäre Leistungen der Eingliederungshilfe in Betracht, die auf Grundlage der ärztlichen Feststellung der wesentlichen Behinderung gewährt werden. Die Feststellung der wesentlichen Behinderung führt zu einer »beschädigten Identität«, die das eigentliche Merkmal des Stigmas ist (Goffman 1975). Sandra ist spätestens seit dieser Zeit für das gesamte Hilfesystem nicht mehr eine Person mit Problemen, sondern eine Borderlinerin.

Durch das Abrechnungssystem deutscher Kliniken erweitert sich die Zahl der Diagnosen, die Sandra gestellt werden, stetig: Zu F60.31: Emotional instabile Persönlichkeitsstörung vom Borderline-Typ (Symptome: starke emotionale Instabilität und mangelnde Impulskontrolle, selbstverletzendes Verhalten, geringe Selbstwertschätzung, depressive Symptomatik und Posttraumatische Belastungsstörung) kommen hinzu:

F90.0: ADHS im Erwachsenenalter,
F40.1: Soziale Phobie mit Vermeidung sozialer Situationen,
E66.0: Adipositas Grad III (BMI 42).

Von der Krankheitsdiagnose zur wesentlichen Behinderung

Sandra richtet sich in einem Leben als chronisch psychisch Kranke ein – ein Prozess der Selbststigmatisierung, der von Erving Goffman vor 50 Jahren eindrücklich beschrieben wurde (Goffman 1975). Was bleibt ihr auch anderes übrig? 2007 zieht Sandra mit ihrem Mann in eine Wohnung des ambulant Betreuten

Wohnens. Gleichzeitig nimmt sie Kontakt mit der Werkstatt für behinderte Menschen (WfbM) auf und durchläuft von 2008 bis 2009 den Berufsbildungsbereich. Psychiatrisch hat sie aus der Vergangenheit in Essen gelernt. Zwangsunterbringungen sind nicht mehr erforderlich, da die Mitarbeitenden der Klinik zur Ersatzfamilie geworden sind und ihre Krankheitseinsicht sehr schätzen.

Die Krankheitseinsicht ist in der Psychiatrie das Ticket für eine adäquate Behandlung. 2009 erklärt Sandra sich zu einer störungsspezifischen Spezialbehandlung der Borderline-Persönlichkeitsstörung in dem Universitätsklinikum Freiburg bereit, das für die Behandlung mit der Dialektisch-Behavioralen Therapie (DBT) bekannt ist. Dort lernt sie nach Aussagen des Arztbriefes »stress- und anspannungsauslösende Situationen zu identifizieren, belastende Gedanken und Grundannahmen zu erkennen und diese im Selbstmanagement zu bewältigen.« Insgesamt sei »es ihr gelungen, durch die vermittelten Fertigkeiten und Regulationsstrategien mit (ihren) Symptomen deutlich besser umzugehen«.

Es folgen dennoch weitere psychiatrische Behandlungen. Mit den Symptomen mag Sandra besser umzugehen lernen, mit dem Leben hat sie weiterhin massive Schwierigkeiten. Sie bleibt in der Werkstatt für behinderte Menschen und wechselt mehrfach die Wohnung. Sie verfolgt weiter das Prinzip, am nächsten Ort wird alles besser. 2014 lässt sie sich von ihrem Mann scheiden. 2017 kommt der Träger der Eingliederungshilfe zu dem Schluss, dass Sandra eine stationäre Wohnversorgung benötigt, damit eine größere Stabilität in ihr Leben kommen kann. Die betreuende Sozialarbeiterin schlägt in der Hilfeplankonferenz eine dezentrale stationäre Wohngruppe vor (Konrad u.a. 2006).

Sandras sozialer Abstieg ist damit an einem Endpunkt angelangt, denn mit der stationären Wohnbetreuung sind verschiedene Einschränkungen autonomer Lebensgestaltung verbunden. Sie muss sich nun den psychosozialen Konzepten des Leistungserbringers anpassen und fällt damit auf die pädagogische Ebene ihrer Kindheit zurück. Es ist nicht unwahrscheinlich, dass sich die Mitarbeitenden in der psychiatrischen Klinik bereits Gedanken über eine geschlossene Heimunterbringung gemacht haben. Vermutlich trägt Sandras Kooperationsfähigkeit dazu bei, dass sie Aufnahme in einer betreuten Wohnform findet, die ein Verbindungsglied zwischen ambulanter und stationärer Hilfe darstellt: die trägerverantwortete ambulant betreute Wohngemeinschaft entsprechend dem Wohn-, Teilhabe- und Pflegegesetz (WTPG) Baden-Württemberg.

Der Hilfebedarf in der ambulant betreuten Wohngemeinschaft wird anhand des HMB-W-Verfahrens erhoben. Die Hilfen hätten im Rahmen der Pauschale bereits personenzentriert nach individuellem Bedarf geleistet werden können, aber die mögliche Flexibilität der guten Personalausstattung in einem sozialräumlichen Kontext wird nicht genutzt. Die Hilfen bleiben stark auf den Wohnraum beschränkt und folgen stärker den Anforderungen der stationären Dienstplanung als Sandras Bedürfnis, am gesellschaftlichen Leben außerhalb der Wohngemeinschaft teilzuhaben. Der Hilfeplan richtet sich an der Psychopathologie aus und nicht am Teilhabebedarf. Mit Blick auf die Diagnose der emotional instabilen Persönlichkeitsstörung konzentriert sich die professionelle Unterstützung auf psychische Entlastung und Schutz vor Stresssituationen. Sandras Stärken und Beeinträchtigungen, die sich in der Lebensgeschichte herausgebildet haben, bleiben weiterhin unbeachtet. Als sich der sexuelle Missbrauch als zentrale lebensgeschichtliche Problematik in den Fokus der Helferinnen schiebt, wird Sandra einer Frauen-WG zugeordnet.

Die Wohngruppe inmitten der Gemeinde ist für maximal fünf Bewohnerinnen ausgelegt, die Heimaufsicht prüft lediglich, ob jede Person insgesamt 25 qm Fläche der gesamten Wohnung zur Verfügung hat. Die fachliche Unterstützung erfolgt über Hausbesuche und Rufbereitschaft eines Teams aus Sozialarbeiterinnen und Pflegekräften, das über Büroräumlichkeiten außerhalb der Wohngemeinschaften verfügt. Es erfolgt keine Gruppenbetreuung, sondern es werden individuell geplante Hilfen erbracht. Die Hilfepläne werden jedoch von den Fachkräften *für* und nicht *mit* den Bewohnerinnen erstellt.

Es wird ein Wohn- und Betreuungsvertrag geschlossen, der die Bewohnerinnen verpflichtet, die Unterstützungsleistungen anzunehmen, die im Hilfeplan festgelegt sind. Sandra erhält unter anderem an allen Werktagen nachmittags ein Gesprächsangebot, bei dem sie Probleme mit ihrem Selbstmanagement und ihren Regulationsmechanismen besprechen kann. Tragischerweise läuft dieses Angebot ins Leere, da sie sich von dem näheren und weiteren sozialen Umfeld zurückzieht und z.B. Situationen mit mangelnder Impulskontrolle nicht mehr vorkommen.

Sandra nutzt jedoch den Freiraum der dezentralen Wohngruppe und wird Stammgast in der »Räblus«. »Die Räblus« ist zu der Zeit ein gefördertes Modellprojekt, in dem die Tagesstätte der Wohngruppe die Räumlichkeiten einer kommerziell arbeitenden Gaststätte nutzt. Ohne Absprache mit ihren Bezugspersonen bietet Sandra der Wirtin ihre Mithilfe an und verbringt einen Teil ihrer Freizeit in der Gaststätte. Auf diese Weise entwickelt sie immer konkreter werdende Vorstellungen über ihre selbstbestimmte Teilhabe am Leben in der Gesellschaft. Dies ist der Ausgangspunkt für ihre Recovery von einer fremddefinierten chronisch psychisch kranken zu einer selbstbestimmten seelisch behinderten Person. Der Wunsch zur Nutzung der Möglichkeiten des BTHG ist zwangsläufig.

Eine neue Chance: Die Leistungen der Eingliederungshilfe nach SGB IX

Als Sandra 2017 in die betreute Wohngemeinschaft zog, war das BTHG gerade verabschiedet worden. Die Vorschriften zu Bedarfsermittlung und Teilhabeplanung sollten ab 01.01.2018, die Leistungen der Eingliederungshilfe im Rahmen von Teil 2 des SGB IX ab 01.01.2020 gelten. Tatsächlich waren die Träger der Eingliederungshilfe noch weit von den in § 13 SGB IX vorgeschriebenen Instrumenten zur Bedarfsermittlung und Teilhabeplanung entfernt. Und wie die Leistungen des Betreuten Wohnens durch die Assistenzleistungen zur Sozialen Teilhabe ersetzt werden könnten, war gänzlich außerhalb des Vorstellungshorizonts von Leistungsträgern und Leistungserbringern. Aber es wurde mit der Arbeit begonnen und da die Erstellung und Einführung des Bedarfsermittlungsinstrumentes in Baden-Württemberg (BEI_BW) eine Aufgabe von Michael Konrad war, konnten er und Sandra Dellmann das Verfahren schon einmal testen. Damit war der Grundstein gelegt für Sandras Teilhabeplan.

Grundlage der Teilhabeplanung sind die besonderen Vorschriften, denen der Träger der Eingliederungshilfe für die Erstellung des Teilhabeplans unterliegt. Diese werden im ersten Teil des SGB IX für alle Rehabilitationsträger definiert. Im zweiten Teil werden darüber hinaus mit § 21 SGB IX im Leistungsgesetz der Eingliederungshilfe mit dem Gesamtplanverfahren besondere Anforderungen an die Eingliederungshilfe formuliert.

§ 21 SGB IX

Besondere Anforderungen an das Teilhabeplanverfahren
Ist der Träger der Eingliederungshilfe der für die Durchführung des Teilhabeplanverfahrens verantwortliche Rehabilitationsträger, gelten für ihn die Vorschriften für die Gesamtplanung ergänzend; dabei ist das Gesamtplanverfahren ein Gegenstand des Teilhabeplanverfahrens.

Das besondere Verhältnis zwischen Teilhabeplanverfahren und Gesamtplanverfahren löste viel Verwirrung aus. Diese ist dem Umstand geschuldet, dass die Leistungen der Eingliederungshilfe die einzigen Rehabilitationsleistungen sind, für die das SGB IX auch das Leistungsgesetz ist.

Im Sozialhilfegesetz hatte es den Gesamtplan auch schon gegeben. Einige Sozialhilfeträger nutzten aus dem Integrierten Behandlungs-/Rehabilitationsplan (IBRP) abgeleitete Instrumente wie den Integrierten Hilfeplan (IHP) oder den Integrierten Teilhabeplan (ITP), um den individuellen Hilfebedarf für Leistungen des Betreuten Wohnens festzustellen. Vor der Verabschiedung des BTHG hatten die Betroffenen allerdings nur ein Recht auf bedarfsdeckende Leistungen zur Sozialen Teilhabe. Wenn der Bedarf mit den Leistungen des Betreuten Wohnens und tagesstrukturierenden Leistungen nicht gedeckt werden konnte, waren die leistungsberechtigten Personen in den meisten Bundesländern auf die Heimversorgung angewiesen. Das BTHG hat in Übereinstimmung mit Artikel 19 der UN-BRK geregelt, dass auch Personen mit hohem und komplexem Hilfebedarf ein Recht auf bedarfsdeckende Leistungen außerhalb besonderer Wohnformen haben. § 21 SGB IX verfügt daher, dass mit den Vorschriften des Gesamtplanverfahrens ergänzend zu den Vorschriften des Teilhabeverfahrens das Recht auf gleichberechtigte Teilhabe unabhängig von der Schwere der Teilhabebeeinträchtigung umgesetzt wird.

§ 117 SGB IX

Gesamtplanverfahren

(1) Das Gesamtplanverfahren ist nach folgenden Maßstäben durchzuführen:

1. Beteiligung des Leistungsberechtigten in allen Verfahrensschritten, beginnend mit der Beratung,
2. Dokumentation der Wünsche des Leistungsberechtigten zu Ziel und Art der Leistungen,
3. Beachtung der Kriterien
a. transparent,
b. trägerübergreifend,
c. interdisziplinär,
d. konsensorientiert,
e. individuell,
f. lebensweltbezogen,
g. sozialraumorientiert und
h. zielorientiert,
4. Ermittlung des individuellen Bedarfes,
5. Durchführung einer Gesamtplankonferenz,
6. Abstimmung der Leistungen nach Inhalt, Umfang und Dauer in einer Gesamtplankonferenz unter Beteiligung betroffener Leistungsträger.

(2) Am Gesamtplanverfahren wird auf Verlangen des Leistungsberechtigten eine Person seines Vertrauens beteiligt.

Das Gesamtplanverfahren, wie es in Teil 2 des SGB IX geregelt ist, geht in seinen Vorschriften deutlich über die Anforderungen an die anderen Rehabilitationsträger hinaus. Der Gesetzgeber hat genutzt, dass sich das Leistungsgesetz für die Leistungen der Eingliederungshilfe im Gegensatz zu den anderen Rehabilitationsleistungen im SGB IX befindet und er damit in einem Gesetz einige zentrale Prinzipien der UN-BRK einführen konnte. Die konsequente Beteiligung der leistungsberechtigten Person und die Berücksichtigung ihrer Wünsche zu Art und Ziel der Leistung setzen eine alte Forderung der Behindertenselbsthilfe um: Nichts über uns ohne uns.

Die besonderen Regelungen sind der Tatsache geschuldet, dass die Leistungen der Eingliederungshilfe im Gegensatz zu den anderen Rehabilitationsleistungen Personen mit einer wesentlichen Behinderung vorbehalten sind. Das hat im Gesetzgebungsverfahren bei den Interessenvertretungen der Menschen mit Behinderungen zu Verärgerung geführt, ist jedoch dem gegliederten Sozialrechtssystem geschuldet, das zwischen Versicherungsleistungen und Leistungen der öffentlichen Hand unterscheidet. Auch wenn sie keine Sozialhilfeleistungen mehr sind, sind die Leistungen der Eingliederungshilfe nach wie vor steuerfinanzierte Leistungen.

Das einzige nicht gelöste gesetzgeberische Problem war bei der Verabschiedung des BTHG daher die Definition des leistungsberechtigten Personenkreises. Der erste Arbeitsentwurf des BMAS fand keine Zustimmung der Bundesländer in der Arbeitsgruppe und wurde daher nur unter der Hand weitergegeben. In ihm war das Problem gelöst worden: »Eingliederungshilfe ist Personen zu leisten, deren Beeinträchtigungen die Folge einer Schädigung der Körperfunktion und -struktur sind und die dadurch in Wechselwirkung mit den Barrieren in erheblichem Maße in ihrer Fähigkeit zur Teilhabe an der Gesellschaft eingeschränkt sind.« Konsequent wurde auf den Behinderungsbegriff verzichtet und UN-BRK-konform auf die erhebliche Teilhabeeinschränkung abgehoben. Nachdem die Einfügung eines Artikels 26a in das BTHG, in dem die Beeinträchtigung in fünf der sogenannten neun Lebensbereiche der ICF den Zugang regeln sollte, gescheitert war, einigte sich eine neu eingesetzte Arbeitsgruppe auf folgenden Vorschlag:

»Eingliederungshilfe erhalten Menschen mit Behinderungen im Sinne von § 2 Absatz 1 Satz 1 und 2, die wesentlich an der gleichberechtigten Teilhabe an der Gesellschaft eingeschränkt sind (wesentliche Behinderung) wenn und solange nach der Besonderheit des Einzelfalles Aussicht besteht, dass die Aufgabe der Eingliederungshilfe nach § 90 SGB IX erfüllt werden kann. Näheres wird über eine Personenkreisverordnung geregelt.«

Das zentrale Problem in dieser Diskussion ist nicht die Definition der Wesentlichkeit, sondern die teilweise Rückkehr zu einem personalisierten Behinderungsbegriff. Die Personenkreisverordnung definiert wieder geistige Behinderung über die Intelligenzminderung und seelische Behinderung über psychiatrische Diagnosen. Damit wird gesetzeswidrig der Unterschied zwischen Beeinträchtigung und Behinderung eingeebnet. Außerdem wird verwischt, warum der Gesetzgeber die Definition der Wesentlichkeit beibehalten hat. Seine Absicht war, dass nur Personen mit erheblicher Teilhabebeeinträchtigung Zugang zu Leistungen der Eingliederungshilfe erhalten, während Menschen, die nicht in erheblichem Maße in ihrer Fähigkeit zur Teilhabe an der Gesellschaft eingeschränkt sind, die vorrangigen Rehabilitationsleistungen erhalten sollen.

Der exklusive Zugang zu den Leistungen der Eingliederungshilfe hat etwas mit den besonderen Aufgaben der Eingliederungshilfe zu tun. Die Leistungen der Eingliederungshilfe setzen direkt am Diskriminierungsverbot der UN-BRK an. Diese Leistungen sollen nach § 90 SGB IX auch bei starken Beeinträchtigungen wie Selbstverletzungen oder Suchtproblemen eine individuelle Lebensführung und eine gleichberechtigte Teilhabe am Leben in der Gesellschaft ermöglichen.

Die Eingliederungshilfe umfasst verschiedene Aufgaben, wobei die Ermöglichung der gleichberechtigten Teilhabe die besondere Aufgabe der Leistungen zur Sozialen Teilhabe ist (§ 90 Absatz 5 SGB IX). Diese Leistungen, die allein durch den Träger der Eingliederungshilfe aus der öffentlichen Hand finanziert werden, sollen entsprechend der neuen Begrifflichkeit die Teilhabebeeinträchtigung reduzieren und im Idealfall beseitigen.

§ 90 SGB IX

Aufgabe der Eingliederungshilfe

(1) Aufgabe der Eingliederungshilfe ist es, Leistungsberechtigten eine individuelle Lebensführung zu ermöglichen, die der Würde des Menschen entspricht, und die volle, wirksame und gleichberechtigte Teilhabe am Leben in der Gesellschaft zu fördern. Die Leistung soll sie befähigen, ihre Lebensplanung und -führung möglichst selbstbestimmt und eigenverantwortlich wahrnehmen zu können.

(2) Besondere Aufgabe der medizinischen Rehabilitation ist es, eine Beeinträchtigung nach § 99 Absatz 1 abzuwenden, zu beseitigen, zu mindern, auszugleichen, eine Verschlimmerung zu verhüten oder die Leistungsberechtigten soweit wie möglich unabhängig von Pflege zu machen.

(3) Besondere Aufgabe der Teilhabe am Arbeitsleben ist es, die Aufnahme, Ausübung und Sicherung einer der Eignung und Neigung der Leistungsberechtigten entsprechenden Beschäftigung sowie die Weiterentwicklung ihrer Leistungsfähigkeit und Persönlichkeit zu fördern.

(4) Besondere Aufgabe der Teilhabe an Bildung ist es, Leistungsberechtigten eine ihren Fähigkeiten und Leistungen entsprechende Schulbildung und schulische und hochschulische Aus- und Weiterbildung für einen Beruf zur Förderung ihrer Teilhabe am Leben in der Gesellschaft zu ermöglichen.

(5) Besondere Aufgabe der Sozialen Teilhabe ist es, die gleichberechtigte Teilhabe am Leben in der Gemeinschaft zu ermöglichen oder zu erleichtern.

In § 102 wird ausgeführt, dass die drei erstgenannten Leistungen den Leistungen der Sozialen Teilhabe vorgehen. Das heißt: Wenn eine Person mit wesentlicher Behinderung einen Anspruch auf Leistungen der Eingliederungshilfe hat und der Träger der Eingliederungshilfe für den Teilhabeplan verantwortlich ist, müssen dieser Person dennoch die Leistungen der medizinischen Rehabilitation und die Leistungen zur Teilhabe am Arbeitsleben bzw. Bildung von den dafür zuständigen Rehabilitationsträgern gewährt werden. Der Träger der Eingliederungshilfe hat die Aufgabe, diese Leistungen im Rahmen der Bedarfsermittlung und Teilhabeplanung zu berücksichtigen und die Erbringung aller Teilhabeleistungen zu koordinieren, damit sie wie aus einer Hand erbracht werden können.

Der wesentliche Unterschied der Leistungen der Eingliederungshilfe zu den anderen Rehabilitationsleistungen besteht darin, dass der Gesetzgeber zusätzliche Vorschriften erlassen hat, in denen er das Prinzip »Nichts über uns ohne uns« übernommen hat. Aus diesem Grund darf die Gesamtplanung nicht über, sondern nur mit der leistungsberechtigten Person erfolgen.

Das ist bei verschiedenen Personengruppen eine Herausforderung. Der Träger der Eingliederungshilfe hat daher besondere Anstrengungen zu unternehmen, die Leistungen in einer für die leistungsberechtigte Person wahrnehmbaren Form zu erklären und sie bei der Wahl der für sie passenden Maßnahmen zu unterstützen. Es ist das in der UN-BRK verankerte Prinzip der »Unterstützten Entscheidungsfindung«, dem hier Geltung verschafft wird. Auch wenn es den professionellen Fachkräften schwerfällt, können sie in der Eingliederungshilfe nicht ungefragt die Leistungen erbringen, die sie als gut und richtig für die betroffene Person erachten. Allerdings sind die Leistungen der Eingliederungshilfe auch kein »Wunschkonzert«. Hinter der schlichten Überschrift »Leistungen nach der Besonderheit des Einzelfalles« werden in § 104 die für das Gesamtplanverfahren zentralen Kriterien näher ausgeführt.

§ 104 SGB IX

Leistungen nach der Besonderheit des Einzelfalles

(1) Die Leistungen der Eingliederungshilfe bestimmen sich nach der Besonderheit des Einzelfalles, insbesondere nach der Art des Bedarfes, den persönlichen Verhältnissen, dem Sozialraum und den eigenen Kräften und Mitteln; dabei ist auch die Wohnform zu würdigen. Sie werden so lange geleistet, wie die Teilhabeziele nach Maßgabe des Gesamtplanes (§ 121) erreichbar sind.

(2) Wünschen der Leistungsberechtigten, die sich auf die Gestaltung der Leistung richten, ist zu entsprechen, soweit sie angemessen sind. Die Wünsche der Leistungsberechtigten gelten nicht als angemessen,

1. wenn und soweit die Höhe der Kosten der gewünschten Leistung die Höhe der Kosten für eine vergleichbare Leistung von Leistungserbringern, mit denen eine Vereinbarung nach Kapitel 8 besteht, unverhältnismäßig übersteigt und
2. wenn der Bedarf nach der Besonderheit des Einzelfalles durch die vergleichbare Leistung gedeckt werden kann.

(3) Bei der Entscheidung nach Absatz 2 ist zunächst die Zumutbarkeit einer von den Wünschen des Leistungsberechtigten abweichenden Leistung zu prüfen. Dabei sind die persönlichen, familiären und örtlichen Umstände einschließlich der gewünschten Wohnform angemessen zu berücksichtigen. Kommt danach ein Wohnen außerhalb von besonderen Wohnformen in Betracht, ist dieser Wohnform der Vorzug zu geben, wenn dies von der leistungsberechtigten Person gewünscht wird. (...) Bei Unzumutbarkeit einer abweichenden Leistungsgestaltung ist ein Kostenvergleich nicht vorzunehmen.

§ 104 gilt den Selbsthilfeverbänden der Körper- und Sinnesbehinderten als der Paragraf des SGB IX, mit dem die guten Prinzipien der UN-BRK ausgehöhlt werden. Das hängt vor allem mit der Angemessenheitsprüfung in Absatz 2 zusammen, die tatsächlich das Risiko birgt, dass die Träger der

Eingliederungshilfe über diesen Absatz versuchen, mit Leistungsausschlüssen Geld zu sparen. Konkret fürchtet die Selbsthilfe der Menschen mit Körper- und Sinnesbehinderungen, dass die selbstbestimmte Auswahl und die Finanzierung einer persönlichen Assistenz an sieben Tagen der Woche über 24 Stunden nicht mehr möglich ist.

Exkurs: Persönliches Budget

Das Persönliche Budget bedeutete für Menschen mit Körper- und Sinnesbehinderungen den Einstieg in eine personenzentrierte und selbstbestimmte Leistungserbringung und wurde in § 17 SGB IX bis 31.12.2017 geregelt: »Auf Antrag können Leistungen zur Teilhabe auch durch ein Persönliches Budget ausgeführt werden, um den Leistungsberechtigten in eigener Verantwortung ein möglichst selbstbestimmtes Leben zu ermöglichen.«

Das Persönliche Budget war ein sozialgesetzlicher Durchbruch und bot Menschen mit Behinderungen erstmals die Gelegenheit, die leistungserbringenden Personen selbst auszusuchen. Da damals die Leistungen zur Teilhabe am Leben in der Gemeinschaft im Rahmen der Eingliederungshilfe über die Sozialhilfe erbracht wurden, nutzten Betroffene mit Körper- und Sinnesbehinderungen häufig die Leistungen der Pflegeversicherung SGB XI, die in diesem Rahmen von Personen ohne Ausbildung erbracht werden konnten. Es etablierte sich der Begriff der Budgetassistenz.

Das BTHG erhob das Persönliche Budget in § 29 SGB IX ab 01.01.2018 zu einer Regelleistungsform: »Auf Antrag der Leistungsberechtigten werden Leistungen zur Teilhabe durch die Leistungsform eines Persönlichen Budgets ausgeführt, um den Leistungsberechtigten ein möglichst selbstbestimmtes Leben zu ermöglichen«. Die Feststellung der Leistungen wird an die Vorschriften zur Erkennung und Ermittlung des Rehabilitationsbedarfs sowie die Koordinierung der Leistungen angepasst: »Persönliche Budgets werden auf der Grundlage der nach Kapitel 4 getroffenen Feststellungen so bemessen, dass der individuell festgestellte Bedarf gedeckt wird und die erforderliche Beratung und Unterstützung erfolgen kann. Dabei soll die Höhe des Persönlichen Budgets die Kosten aller bisher individuell festgestellten Leistungen nicht überschreiten, die ohne das Persönliche Budget zu erbringen sind.«

Dieser Kostenvorbehalt ist nicht neu. Allerdings werden als wesentliche Leistungen der Sozialen Teilhabe die Assistenzleistungen eingeführt. Die Assistenzleistungen sind zu einem beträchtlichen Teil qualifizierte Leistungen zur Befähigung der leistungsberechtigten Personen zur eigenständigen

Alltagsbewältigung. Wenn Persönliche Budgets, wie in § 29 Absatz 2 SGB IX beschrieben, »in der Regel als Geldleistung ausgeführt« werden, gilt für die Leistungen der Eingliederungshilfe § 116 SGB IX.

§ 116 SGB IX

Pauschale Geldleistung, gemeinsame Inanspruchnahme

(1) Die Leistungen

1. zur Assistenz zur Übernahme von Handlungen zur Alltagsbewältigung sowie Begleitung der Leistungsberechtigten (§ 113 Absatz 2 Nummer 2 in Verbindung mit § 78 Absatz 2 Nummer 1 und Absatz 5),
2. zur Förderung der Verständigung (§ 113 Absatz 2 Nummer 6) und
3. zur Beförderung im Rahmen der Leistungen zur Mobilität (§ 113 Absatz 2 Nummer 7 in Verbindung mit § 83 Absatz 1 Nummer 1)

können mit Zustimmung der Leistungsberechtigten als pauschale Geldleistungen erbracht werden. Die zuständigen Träger der Eingliederungshilfe regeln das Nähere zur Höhe und Ausgestaltung der pauschalen Geldleistungen sowie zur Leistungserbringung.

Lediglich die sogenannten einfachen Assistenzleistungen nach § 78 Absatz 2 Nummer 1 zur Übernahme von Handlungen zur Alltagsbewältigung sowie zur Begleitung können als pauschale Geldleistungen erbracht werden. Im Bedarfsermittlungsverfahren sehen sich Menschen mit Behinderung bei Inanspruchnahme des Persönlichen Budgets mit der Nachweispflicht konfrontiert, dass ihr Bedarf mit Leistungen der einfachen Assistenz gedeckt werden kann.

Durch die Transformation des Assistenzbegriffs in Richtung Fachleistungen sieht sich die Selbsthilfe der Menschen mit Körper- und Sinnesbehinderungen in ihrem Verständnis des Persönlichen Budgets erheblich eingeschränkt. Ihr war der Aspekt der »eigenen Verantwortung« im alten SGB IX wichtig, aus dem das sogenannte Arbeitgebermodell des Persönlichen Budgets entstand. Qualifizierte Assistenzleistungen sind für Menschen mit Körper- und Sinnesbehinderung nur relevant, wenn sie die Assistenzperson selbst wählen können. Dabei ist mit einer amtlichen Prüfung zu rechnen, ob diese Person die Leistung adäquat erfüllen kann.

In der Folge bedeutet das: Für Menschen mit psychischen Beeinträchtigungen sind mit dem Persönlichen Budget keine Vorteile verbunden. Die Assistenzleistungen werden auf der Grundlage des Teilhabeplans erbracht, in dem die Wünsche zur konkreten Gestaltung der Leistungen berücksichtigt werden müssen. § 104 Absatz 3 SGB IX gibt ihnen außerdem das Recht zur Wahl des Ortes der Leistungserbringung: »Soweit die leistungsberechtigte Person dies [Wohnen außerhalb besonderer Wohnformen; d. A.] wünscht, sind in diesem Fall die im Zusammenhang mit dem Wohnen stehenden Assistenzleistungen nach § 113 Absatz 2 Nummer 2 im Bereich der Gestaltung sozialer Beziehungen und der persönlichen Lebensplanung nicht gemeinsam zu erbringen nach § 116 Absatz 2 Nummer 1.«

Für die Assistenzleistungen zur Gestaltung sozialer Beziehungen und zur persönlichen Lebensplanung als zentrale Leistungen für Menschen mit seelischen Beeinträchtigungen heißt das aber auch, dass diese Leistungen ausschließlich als qualifizierte Fachleistung individuell erbracht werden können. Damit ist die Personenzentrierung für diesen Personenkreis sichergestellt.

Es ist nochmals zu betonen, dass es nicht um gesundheitliche oder pflegerische Hilfen geht, sondern um die Befähigung zur gleichberechtigten Teilhabe am gesellschaftlichen Leben. Die Weiterentwicklung der Personenzentrierung vom Persönlichen Budget zur Fachleistung stellt die für diesen Personenkreis in § 1 SGB IX betonte »besondere Berücksichtigung« dar.

Die Vorschriften des Gesamtplanverfahrens

Wenn es bei den qualifizierten Fachleistungen der Eingliederungshilfe ausschließlich nach dem Wunsch des Leistungsberechtigten ginge, wäre die öffentliche Hand vermutlich bald überfordert. Der Gesetzgeber musste daher ein Verfahren einführen, das mit den Prinzipien der UN-BRK und mit dem gegliederten deutschen Sozialrechtssystem in Einklang gebracht werden konnte. Mit der Angemessenheitsprüfung orientierte er sich daher an Artikel 19 der UN-BRK, wonach Menschen mit Behinderungen das Recht haben, »mit gleichen Wahlmöglichkeiten wie andere Menschen in der Gemeinschaft zu leben«. Die Angemessenheitsprüfung soll sicherstellen, dass Menschen mit Behinderungen nicht benachteiligt werden. Dabei sind die »persönlichen, familiären und örtlichen Umstände einschließlich der gewünschten Wohnform angemessen zu berücksichtigen«.

Zur angemessenen Berücksichtigung muss der Träger der Eingliederungshilfe die Vorschriften des Gesamtplanverfahrens (s. S. 84 f.) beachten. Zur Erinnerung: Die Kriterien sollen so sein:

Transparent Die leistungsberechtigte Person muss den komplexen Ablauf des Verfahrens und die möglichen Leistungskomponenten kennen. Für psychisch erkrankte Menschen ist es wichtig, dass es nicht um medikamentöse

Behandlung geht und dass die Einnahme von Medikamenten keine Voraussetzung für den Erhalt der Leistungen ist.

Trägerübergreifend Es ist ganz wichtig, dass der Träger der Eingliederungshilfe die Leistungen anderer Rehabilitationsträger wie der Krankenversicherung mit einbezieht, aber Hilfen wie aus einer Hand nur organisiert.

Interdisziplinär Dem biopsychosozialen Modell der ICF folgend müssen medizinische, psychologische und soziale Ansätze aufeinander bezogen sein und die verschiedenen Berufsgruppen müssen zusammenarbeiten.

Konsensorientiert Das Kriterium verbietet die Verordnung von Leistungen und gibt vor, dass die Bedarfsermittlung und die Teilhabeplanung dialogisch geschehen müssen. Das sollte in einem demokratischen Gesellschaftssystem eigentlich selbstverständlich sein, aber im kommunikativen Handeln ist es auch eine Herausforderung.

Individuell Hiermit werden die Leistungen der Eingliederungshilfe von anderen Rehabilitationleistungen abgegrenzt, bei denen ein Standardprogramm angewandt wird, wie z. B. bei der psychosomatischen Rehabilitation oder der Suchtrehabilitation.

Lebensweltbezogen Dieses Kriterium gilt zwar seit der Reform der Jugendhilfe in den 1980er-Jahren als selbstverständliche Voraussetzung für Sozialleistungen (Thiersch 2020), wird allerdings nicht in seiner eigentlichen Bedeutung beachtet. Die meisten Leistungen der Jugendhilfe nach § 35a SGB VIII werden nicht in der Lebenswelt der Jugendlichen erbracht, sondern in Einrichtungen außerhalb der Lebenswelt. Ebenso wird häufig ignoriert, dass das Individuum in der modernen Gesellschaft während der primären Sozialisation mehreren verschiedenen Lebenswelten angehört. Im Falle von Sandra sind vor allem die lebensweltlichen Wechsel zu beachten und es ist zu prüfen, wie sie sich in den Sinnstrukturen des württembergischen Allgäu zurechtfindet.

Sozialraumorientiert Hier wird dann ganz konkret auf die Teilhabe am Leben in der Gesellschaft abgehoben. In dieser Hinsicht tun sich Mitarbeitende von Heimen sehr schwer, sich vorzustellen, dass ihre hilfebedürftigen Bewohnerinnen und Bewohner in der feindlichen Außenwelt zurechtkommen könnten. Daher war es konsequent, die Bedarfsermittlung in die Verantwortung des Trägers der Eingliederungshilfe zu geben. Gleichzeitig wurde damit ein hoher Anspruch an die Kooperationsfähigkeit des Trägers der Eingliederungshilfe mit Rehabilitationsdiensten und Leistungserbringern formuliert.

Zielorientiert Das letzte Kriterium markiert den Paradigmenwechsel in der Eingliederungshilfe. War sie in der Vergangenheit darauf ausgerichtet, hilfebedürftigen Menschen ein selbstbestimmtes Leben in betreuten Wohnformen und die Teilhabe am gemeinschaftlichen und kulturellen Leben zu ermöglichen, sollen die Leistungen in Zukunft die leistungsberechtigten Personen befähigen, selbst gewählte Teilhabeziele zu erreichen. Daher werden die Leistungen auch so lange erbracht, wie die Teilhabeziele nach Maßgabe des Gesamtplans erreichbar sind (§ 104 Absatz 1 SGB IX). »Rückfälle« in das problematische Verhalten bei suchtkranken Menschen oder Selbstverletzungen wie bei Sandra führen dann nicht zur Beendigung der Leistung, sondern zur Anpassung der Teilhabeziele oder der Unterstützungsleistung.

Die Angemessenheitsprüfung bedeutet, dass leistungsberechtigte Personen nicht wie vorher fast automatisch in eine besondere Wohnform abgeschoben werden können, sondern dass bei jedem Einzelnen zu prüfen ist, wie seine Teilhabewünsche so umgesetzt werden können, dass sie unter Einsatz der eigenen Kräfte zur gleichberechtigten Teilhabe am gesellschaftlichen Leben führen. In Bezug auf die Angemessenheitsprüfung heißt das: Wenn ein Leben außerhalb einer besonderen Wohnform aufgrund persönlicher, familiärer und örtlicher Umstände gewünscht und möglich ist, wird dieser Lösung auch bei höheren Kosten der Vorzug gegeben.

Viele Menschen mit schweren psychischen Erkrankungen, die wegen einer wesentlichen Behinderung (Teilhabebeeinträchtigung) aufgrund der seelischen Beeinträchtigung einen Anspruch auf Leistungen der Eingliederungshilfe haben, sind nicht an umfassenden Hilfen interessiert. Daher wurde in der Vergangenheit die Aufnahme in der besonderen Wohnform häufig über die rechtliche Betreuung eingeleitet. Diese Form der stellvertretenden Entscheidungsfindung war bei den Staatenprüfungen zur Umsetzung der UN-BRK stets ein Anlass zur Kritik. Mit der grundsätzlichen Beteiligung der leistungsberechtigten Person am Gesamtplanverfahren soll sichergestellt werden, dass nicht über ihren Kopf hinweg entschieden wird. Zu ihrer Unterstützung schreibt § 117 Absatz 2 SGB IX vor, dass »auf Verlangen des Leistungsberechtigten eine Person seines Vertrauens beteiligt wird«. Aus der stellvertretenden Entscheidungsfindung wird somit eine unterstützte Entscheidungsfindung (vgl. Konrad & Höflacher 2019).

Antragstellung und Beratung durch den Träger der Eingliederungshilfe

Ein zentraler Kritikpunkt der Leistungserbringer und deren Verbände am BTHG besteht darin, dass leistungsberechtigte Personen mit geistigen und seelischen Beeinträchtigungen nicht wissen, welche Hilfen sie in Anspruch nehmen können, und daher den Entscheidungen des Trägers der Eingliederungshilfe hilflos ausgesetzt sind. Dieser Vorbehalt ist angesichts der Sozialhilfetradition dieser Leistungsform berechtigt. Daher hat der Gesetzgeber den Rehabilitationsträgern die Pflicht zu einer umfassenden Beratung nach § 12 SGB IX (s. S. 60 f.) auferlegt. Für den Träger der Eingliederungshilfe, der den Bedarf an Leistungen zur Teilhabe umfassend festzustellen hat, sind die Vorschriften zur Beratung und Unterstützung wesentlich umfassender als für die anderen Rehabilitationsträger. Sie sind in § 106 SGB IX geregelt.

§ 106 SGB IX

Beratung und Unterstützung

(1) Zur Erfüllung der Aufgaben dieses Teils werden die Leistungsberechtigten, auf ihren Wunsch auch im Beisein einer Person ihres Vertrauens, vom Träger der Eingliederungshilfe beraten und, soweit erforderlich, unterstützt. Die Beratung erfolgt in einer für den Leistungsberechtigten wahrnehmbaren Form.

(2) Die Beratung umfasst insbesondere
1. die persönliche Situation des Leistungsberechtigten, den Bedarf, die eigenen Kräfte und Mittel sowie die mögliche Stärkung der Selbsthilfe zur Teilhabe am Leben in der Gemeinschaft einschließlich eines gesellschaftlichen Engagements,
2. die Leistungen der Eingliederungshilfe, einschließlich des Zugangs zum Leistungssystem,
3. die Leistungen anderer Leistungsträger,
4. die Verwaltungsabläufe,
5. Hinweise auf Leistungsanbieter und andere Hilfemöglichkeiten im Sozialraum und auf Möglichkeiten der Leistungserbringung,
6. Hinweise auf andere Beratungsangebote im Sozialraum,
7. eine gebotene Budgetberatung.

(3) Die Unterstützung umfasst insbesondere
1. Hilfe bei der Antragstellung,
2. Hilfe bei der Klärung weiterer zuständiger Leistungsträger,
3. das Hinwirken auf zeitnahe Entscheidungen und Leistungen der anderen Leistungsträger,
4. Hilfe bei der Erfüllung von Mitwirkungspflichten,
5. Hilfe bei der Inanspruchnahme von Leistungen,
6. die Vorbereitung von Möglichkeiten der Teilhabe am Leben in der Gemeinschaft einschließlich des gesellschaftlichen Engagements,
7. die Vorbereitung von Kontakten und Begleitung zu Leistungsanbietern und anderen Hilfemöglichkeiten,

8. Hilfe bei der Entscheidung über Leistungserbringer sowie bei der Aushandlung und dem Abschluss von Verträgen mit Leistungserbringern sowie
9. Hilfe bei der Erfüllung von Verpflichtungen aus der Zielvereinbarung und dem Bewilligungsbescheid.

(4) Die Leistungsberechtigten sind hinzuweisen auf die ergänzende unabhängige Teilhabeberatung nach § 32, auf die Beratung und Unterstützung von Verbänden der Freien Wohlfahrtspflege sowie von Angehörigen der rechtsberatenden Berufe und von sonstigen Stellen.

Die von den Leistungserbringern häufig geäußerte Befürchtung, dass die am schwersten beeinträchtigten psychisch kranken Menschen keinen Antrag stellen und damit auch keine Leistungen erhalten, wird durch ein aktives Zugehen aufgegriffen. Wenn der Träger der Eingliederungshilfe den Hinweis erhält, dass eine Teilhabebeeinträchtigung vorliegt, muss er tätig werden und die Person ansprechen und beraten. Im Beratungsprozess muss er darauf achten, dass die Beratung in einer für die Leistungsberechtigten »wahrnehmbaren Form« erfolgt, d.h., er muss die persönliche Situation und das persönliche Kommunikationsvermögen und -verhalten berücksichtigen. Er müsste z.B. bei Sandra vorsichtig sein, damit sie sich nicht herabgewürdigt fühlt und den Prozess abbricht.

Die Vorschrift des Gesetzgebers kann als Wink interpretiert werden, dass das Teilhabemanagement im Rahmen des Gesamtplanverfahrens sachlich-freundlich in der Art einer Dienstleistung auftritt. Damit wird die Logik des Verwaltungshandelns vom Kopf auf die Füße gestellt. Wie schwierig das ist, hat sich in der Jugendhilfe gezeigt. Das gegenseitige Verständnis von Fallmanagerinnen und Sachbearbeitern der Eingliederungshilfe war in einer Untersuchung im Rahmen des vom Bundesministerium für Frauen, Senioren, Familie und Jugend angestoßenen Dialogprozesses »Mitreden – Mitgestalten: Die Zukunft der Kinder- und Jugendhilfe« verschwindend gering (BMFSFJ 2020).

Leistungen zur Sozialen Teilhabe

Vor allem Leistungen zur Sozialen Teilhabe und Leistungen im Arbeitsbereich der WfbM wurden bisher auf Grundlage des SGB XII für Menschen mit wesentlichen Behinderungen erbracht. Im SGB IX bis 31.12.2017 wurden sie gemäß § 55 als »Leistungen zur Teilhabe am Leben in der Gemeinschaft« geregelt. Beim Übergang dieser Leistungen in das SGB IX zum 01.01.2018 wurden nur wenige Dinge verändert, es wurden z. B. »Leistungen zur Betreuung in einer Pflegefamilie« aufgenommen und diese wurden entsprechend den Regelungen in § 44 SGB VIII auch auf volljährige junge Menschen ausgedehnt.

Eine elementare Änderung erfolgte hinsichtlich der ehemaligen »Hilfen zu selbstbestimmtem Leben in betreuten Wohnmöglichkeiten sowie den Hilfen zur Teilhabe am gemeinschaftlichen und kulturellen Leben«. Sie wurden zusammengefasst und nach § 78 SGB IX wie folgt definiert.

§ 113 SGB IX

Leistungen zur Sozialen Teilhabe

(1) Leistungen zur Sozialen Teilhabe werden erbracht, um eine gleichberechtigte Teilhabe am Leben in der Gemeinschaft zu ermöglichen oder zu erleichtern, soweit sie nicht nach den Kapiteln 3 bis 5 erbracht werden. Hierzu gehört, Leistungsberechtigte zu einer möglichst selbstbestimmten und eigenverantwortlichen Lebensführung im eigenen Wohnraum sowie in ihrem Sozialraum zu befähigen oder sie hierbei zu unterstützen. Maßgeblich sind die Ermittlungen und Feststellungen nach Kapitel 7.

(2) Leistungen zur Sozialen Teilhabe sind insbesondere

1. Leistungen für Wohnraum,
2. Assistenzleistungen,
3. heilpädagogische Leistungen,
4. Leistungen zur Betreuung in einer Pflegefamilie,
5. Leistungen zum Erwerb und Erhalt praktischer Kenntnisse und Fähigkeiten,
6. Leistungen zur Förderung der Verständigung,
7. Leistungen zur Mobilität,
8. Hilfsmittel,
9. Besuchsbeihilfen.

(3) Die Leistungen nach Absatz 2 Nummer 1 bis 8 bestimmen sich nach den §§ 77 bis 84, soweit sich aus diesem Teil nichts Abweichendes ergibt.

Die meisten Leistungen zur Sozialen Teilhabe scheinen für Menschen mit seelischen Beeinträchtigungen nicht relevant zu sein, bei einigen gibt es aber doch etwas zu beachten:

Die Leistungen für Wohnraum (§ 77 SGB IX) »umfassen Leistungen für die Beschaffung, den Umbau, die Ausstattung und die Erhaltung von Wohnraum, der den besonderen Bedürfnissen von Menschen mit Behinderungen entspricht«. Die Leistungen für Wohnraum sind demnach vor allem auf bauliche Veränderungen ausgerichtet, wie sie vor allem für Personen mit Körper- und Mehrfachbehinderungen relevant sind. Menschen mit seelischen Beeinträchtigungen benötigen die gleiche Art von Wohnraum wie Menschen ohne Beeinträchtigungen. Allerdings sind die Beschaffung und die Erhaltung des Wohnraums in einer Zeit starker Wohnraumverknappung für Menschen mit psychischen Beeinträchtigungen ein Problem. Die Stigmatisierung psychischer Erkrankung führte schon in der Vergangenheit dazu, dass schwer beeinträchtigte psychisch erkrankte Menschen nicht wegen des Hilfebedarfs, sondern wegen fehlender Mietangebote in einer besonderen Wohnform leben mussten. Die Leistungserbringer der Eingliederungshilfe sind daher aufgerufen, gerade für den Personenkreis der Menschen mit wesentlicher seelischer Behinderung eine Dienstleistung für die Beschaffung und den Erhalt von Wohnraum anzubieten. Ein Anbieter müsste für die erschwerte Form der Immobilienvermittlung und -verwaltung eine Leistungsvereinbarung nach § 125 SGB IX (s. S. 138 f.) abschließen, damit die vom BTHG ermöglichte Erbringung komplexer Hilfen im eigenen Wohnraum eine Grundlage erhält.

Leistungen zur Mobilität (§ 83 SGB IX) dienen vor allem der Finanzierung von Beförderungsdiensten oder auch einem Kraftfahrzeug, wenn leistungsberechtigten Personen aufgrund der Art und Schwere ihrer Beeinträchtigung die Nutzung öffentlicher Verkehrsmittel nicht zuzumuten ist. Hier eröffnet sich eine Möglichkeit für Menschen mit schweren Ängsten oder Zwängen, denen die Nutzung öffentlicher Verkehrsmittel oder Fahrdienste beeinträchtigungsbedingt nicht denkbar erscheint. Der Bedarf ergibt sich aus dem Katalog der Beeinträchtigung mentaler Funktionen (s. S. 35).

Der Erwerb und der Erhalt praktischer Kenntnisse und Fähigkeiten wären bei einer neu festgestellten Behinderung zunächst eine Leistung der medizinischen Rehabilitation, die den Leistungen der Sozialen Teilhabe vorangeht. In § 42 Absatz 3 Nummer 6 SGB IX firmiert sie unter »Training lebenspraktischer Fähigkeiten« und ist zeitlich stark begrenzt. Der Erwerb und der Erhalt praktischer Kenntnisse und Fähigkeiten für Menschen mit wesentlicher seelischer Behinderung nach § 113 Absatz 2 Nummer 5 in Verbindung mit § 81 SGB IX dienen in erster Linie der niedrigschwelligen Vorbereitung auf die Teilhabe am Arbeitsleben in einer Fördergruppe. Mit dieser Leistung können Fördergruppen oder Zuverdienstarbeitsplätze in Gemeinde- oder Sozialpsychiatrischen Zentren betrieben werden (s. S. 47 f.).

Die Assistenzleistungen zur Sozialen Teilhabe

Den Schwerpunkt der Leistungen zur Sozialen Teilhabe bilden die Assistenzleistungen nach § 78 SGB IX (Konrad 2019). Sie sind das Kernstück der Leistungen der Eingliederungshilfe, was bereits aus dem ersten Satz des Paragrafen hervorgeht: »Zur selbstbestimmten und eigenständigen Bewältigung des Alltages einschließlich der Tagesstrukturierung werden Leistungen für Assistenz erbracht.« Bei der gesetzlichen Festlegung der Assistenzleistungen wird damit das Ziel der Eingliederungshilfe aus § 90 wortgleich aufgenommen. Anhand der Items der Komponente »Aktivitäten und Partizipation« der ICF müssen Leistungserbringer Unterstützungskonzepte entwickeln, die als Leistungsvereinbarungen nach § 125 SGB IX mit dem Träger der Eingliederungshilfe abgeschlossen und von einem mobilen Teilhabedienst auf Grundlage der Bedarfsermittlung und Teilhabeplanung erbracht werden. Die Assistenzleistungen zur Befähigung der eigenständigen Alltagsbewältigung dürfen nach § 123 Absatz 1 SGB IX nur auf Grundlage einer Leistungsvereinbarung »zwischen dem Träger des Leistungserbringers und dem für den Ort der Leistungserbringung zuständigen Träger der Eingliederungshilfe erbracht werden«.

§ 78 SGB IX

Assistenzleistungen

(1) Zur selbstbestimmten und eigenständigen Bewältigung des Alltages einschließlich der Tagesstrukturierung werden Leistungen für Assistenz erbracht. Sie umfassen insbesondere Leistungen für die allgemeinen Erledigungen des Alltags wie die Haushaltsführung, die Gestaltung sozialer Beziehungen, die persönliche Lebensplanung, die Teilhabe am gemeinschaftlichen und kulturellen Leben, die Freizeitgestaltung einschließlich sportlicher Aktivitäten sowie die Sicherstellung der Wirksamkeit der ärztlichen und ärztlich verordneten Leistungen. Sie beinhalten die Verständigung mit der Umwelt in diesen Bereichen.

(2) Die Leistungsberechtigten entscheiden auf der Grundlage des Teilhabeplans nach § 19 über die konkrete Gestaltung der Leistungen hinsichtlich Ablauf, Ort und Zeitpunkt der Inanspruchnahme. Die Leistungen umfassen

1. die vollständige und teilweise Übernahme von Handlungen zur Alltagsbewältigung sowie die Begleitung der Leistungsberechtigten und
2. die Befähigung der Leistungsberechtigten zu einer eigenständigen Alltagsbewältigung.

Die Leistungen nach Nummer 2 werden von Fachkräften als qualifizierte Assistenz erbracht. Sie umfassen insbesondere die Anleitungen und Übungen in den Bereichen nach Absatz 1 Satz 2.

(3) Die Leistungen für Assistenz nach Absatz 1 umfassen auch Leistungen an Mütter und Väter mit Behinderungen bei der Versorgung und Betreuung ihrer Kinder.

(4) Sind mit der Assistenz nach Absatz 1 notwendige Fahrkosten oder weitere Aufwendungen des Assistenzgebers, die nach den Besonderheiten des Einzelfalles notwendig sind, verbunden, werden diese als ergänzende Leistungen erbracht.

(5) Leistungsberechtigten Personen, die ein Ehrenamt ausüben, sind angemessene Aufwendungen für eine notwendige Unterstützung zu erstatten, soweit die Unterstützung nicht zumutbar unentgeltlich erbracht werden kann. Die notwendige Unterstützung soll hierbei vorrangig im Rahmen familiärer, freundschaftlicher, nachbarschaftlicher oder ähnlich persönlicher Beziehungen erbracht werden.

(6) Leistungen zur Erreichbarkeit einer Ansprechperson unabhängig von einer konkreten Inanspruchnahme werden erbracht, soweit dies nach den Besonderheiten des Einzelfalles erforderlich ist.

Mit den Assistenzleistungen nach § 78 SGB IX kann bei Menschen mit seelischen Beeinträchtigungen unabhängig von der Wohnform der gesamte Unterstützungsbedarf zur Sozialen Teilhabe gedeckt werden (Konrad 2019). Mit den sechs Assistenzleistungen hat der Gesetzgeber die für die Soziale Teilhabe erforderlichen Leistungen weitgehend geregelt. Die genannten Leistungen können aufgrund der Formulierung »insbesondere« zwar ergänzt werden, es lassen sich jedoch bedarfsdeckende Leistungsvereinbarungen für Menschen mit seelischer Beeinträchtigung aus ihnen konstruieren. Allerdings muss klar unterschieden werden zwischen Behandlungsleistungen und Teilhabeleistungen. Mit den Assistenzleistungen können die Krisenplanung und das Krisenmanagement abgedeckt werden, die Krisenintervention hingegen ist mit Leistungen des SGB V wie der psychiatrischen häuslichen Krankenpflege zu regeln (s. S. 72 ff.). Aus den Assistenzleistungen lassen sich nachhaltige Angebote für verschiedene Behinderten- und Diagnosegruppen entwickeln, für die die Leistungserbringer mit dem Träger der Eingliederungshilfe Leistungsvereinbarungen schließen.

Der Träger der Eingliederungshilfe stellt auf Grundlage der Bedarfsermittlung und der Teilhabeplanung die erforderlichen Leistungen in Form des Gesamtplans nach § 121 SGB IX fest und bewilligt sie in einem Verwaltungsakt (s. S. 131 f.). Anschließend wird er mit der leistungsberechtigten Person eine Teilhabezielvereinbarung nach § 122 SGB XII abschließen (s. S. 134 f.). Die leistungsberechtigte Person kann dann zur Umsetzung ihrer Teilhabeziele einen oder mehrere Leistungserbringer auswählen, mit denen eine Leistungsvereinbarung besteht, sie kann aber auch mit Leistungen der einfachen Assistenz über das Persönliche Budget kombiniert werden (s. S. 132 f.).

Die Assistenzleistungen zur Sozialen Teilhabe werden zielorientiert erbracht und erfordern die Partizipation der leistungsberechtigten Person, also deren aktive Beteiligung. Darin unterscheidet sie sich von Leistungen der Pflege nach SGB XI, bei denen die fehlende Möglichkeit der aktiven Beteiligung der Grund der Pflegebedürftigkeit ist.

Die spezifischen Assistenzleistungen sollen dazu beitragen, dass die leistungsberechtigte Person den Alltag zunehmend selbstständig bewältigen und selbst bestimmen kann (Gühne & Konrad 2019). Die Assistenzleistungen zur Sozialen Teilhabe umfassen im Gegensatz zu den bisherigen Leistungen des Betreuten Wohnens auch die Tagesstrukturierung. Nach dem Wechsel von dem institutionszentrierten Angebot zur personenzentrierten Leistung haben tagesstrukturierende Angebote keinen verpflichtenden Ort mehr, sondern können an den unterschiedlichsten Orten in der Gemeinde wahrgenommen werden – in einem sozialpsychiatrischen oder gemeindepsychiatrischen Zentrum, aber auch an Orten, die nicht von gemeindepsychiatrischen Leistungserbringern organisiert werden wie Volkshochschulen und Sportstätten. Außerdem erleichtert die Tagesstrukturierung nach individuellem Bedarf die Aufnahme von Beschäftigungen oder Tätigkeiten, die unterhalb der von der Arbeitsverwaltung akzeptierten Schwelle von drei Stunden liegen wie z. B. Zuverdienstleistungen der Eingliederungshilfe.

Die Form der Leistungserbringung wird in § 78 Absatz 2 festgelegt. Die »vollständige und teilweise Übernahme von Handlungen zur Alltagsbewältigung« sind dann Leistungen der Eingliederungshilfe, wenn sie sich dem Ziel der Teilhabe zuordnen lassen. Steht der Ausgleich des Verlustes der Selbstständigkeit entsprechend der Definition der Pflegebedürftigkeit nach SGB XI im Vordergrund, dann spricht der Gesetzgeber wie bei der »Assistenz zur Begleitung« von einer einfachen Assistenz. Davon abgegrenzt werden die Leistungen »zu einer eigenständigen Alltagsbewältigung« als qualifizierte Assistenz bezeichnet.

Mit der Befähigung zur eigenständigen Alltagsbewältigung wurde ein neuer Leistungstatbestand in die Leistungen zur Sozialen Teilhabe aufgenommen, der pädagogische und psychosoziale Aspekte berücksichtigt. Damit folgt der Gesetzgeber den neueren Tendenzen in der psychiatrischen Versorgung in Richtung Recovery und Empowerment (vgl. Zuaboni u.a. 2019).

Die Hilfe zur Selbstbefähigung ist keine Kompetenz, die in den Ausbildungsgängen der Sozial- und Gesundheitsberufe systematisch gelehrt wird. Der Gesetzgeber hat in der Gesetzesbegründung einen Definitionsversuch unternommen:

»Der Begriff der Assistenz bringt in Abgrenzung zu förderzentrierten Ansätzen der Betreuung, die ein Über- /Unterordnungsverhältnis zwischen Leistungserbringern und Leistungsberechtigten bergen, auch ein verändertes Verständnis von professioneller Hilfe zum Ausdruck. Die Leistungsberechtigten sollen dabei unterstützt werden, ihren Alltag selbstbestimmt zu gestalten. Vor diesem Hintergrund wird konsequenterweise auch die Beziehungsgestaltung zwischen Leistungsberechtigten und Leistungserbringern neu bestimmt.« (Deutscher Bundestag 2016, S. 261).

Klar ist somit, dass es bei der Assistenzleistung nicht um eine therapeutische oder pädagogische Technik handeln kann, sondern um eine reflektierende Begleitung, die Theunissen (2019) als positive Verhaltensunterstützung bezeichnet.

Die Leistungen zur qualifizierten Assistenz können nur von Fachkräften mit examinierter Ausbildung im Sozial- und Gesundheitsbereich erbracht werden. Zwei Fachleistungen werden in der Gesetzesbegründung zum BTHG in diesem Zusammenhang explizit genannt: die »individuelle Lebensplanung und die Gestaltung sozialer Beziehungen« (vgl. Deutscher Bundestag 2016, S. 262). Die anderen Leistungen können, wenn sie die vollständige oder teilweise Übernahme von Handlungen betreffen, auch im Rahmen der einfachen Assistenz erbracht werden. Dabei bietet sich der Einsatz von Genesungsbegleiterinnen und -begleitern an, deren EX-IN-Ausbildung nach dem deutschen Berufegesetz nicht als qualifizierte Fachausbildung anerkannt wird.

Die Leistungen an Mütter und Väter mit Behinderungen nach § 78 Absatz 3 SGB IX können ausschließlich als qualifizierte Assistenzleistungen erbracht werden, wenn sie Leistungen sind, »die Mütter und Väter mit Behinderungen bei der Erfüllung ihres Erziehungsauftrags benötigen« (Deutscher Bundestag 2016, S. 195 f.). In der Versorgung und Betreuung geht es um die »Elternassistenz« und die »begleitete Elternschaft«. Bei der Elternassistenz sind einfache Assistenzleistungen für Eltern mit Körper- und Sinnesbehinderungen gemeint, bei der begleiteten Elternschaft kommen »pädagogische Anleitung, Beratung und Begleitung zur Wahrnehmung der Elternrolle« infrage, hier spricht man also von qualifizierter Assistenz.

Vorhalteleistungen werden traditionell in besonderen Wohnformen erbracht, als Assistenzleistung wurden sie jedoch für die Unterstützung in der Lebenswelt konstruiert. Daher ist das Kriterium 3. f), Lebensweltorientierung, des Gesamtplanverfahrens nach § 117 SGB IX von erheblicher Relevanz. Mit dem Wechsel auf die Unterstützung in der natürlichen Lebenswelt erhält Absatz 6 große Bedeutung, mit dem die bisher für stationäre Einrichtungen vorbehaltenen Bereitschaftsleistungen auf den natürlichen Sozialraum übertragen werden. Es geht bei den Vorhalteleistungen z. B. um einen Rufbereitschaftsdienst an sieben Tagen über 24 Stunden, für die im Gegensatz zu der bisherigen Praxis in besonderen Wohnformen in jedem Einzelfall bei der Bedarfsermittlung zu prüfen ist, ob und in welchem Umfang Assistenzleistungen als Vorhalteleistungen erforderlich sind. Da ein zentrales Problem von Menschen mit seelischen Beeinträchtigungen in der Gestaltung sozialer Beziehungen liegt, ist eine Rufbereitschaft in der Regel für den gesamten Tag mit Ausnahme der Zeit der konkreten Leistungserbringung erforderlich. Leistungserbringer mit einer größeren Anzahl an Leistungsempfängerinnen haben damit kein Problem, Leistungserbringer mit wenigen Leistungsempfängern bleibt die Möglichkeit der Kooperation im Rahmen des GPV.

Die Assistenzleistungen und ihr Bezug zur ICF

Eine wesentliche Arbeitserleichterung für das Fall- bzw. Teilhabemanagement des Trägers der Eingliederungshilfe und die Leistungserbringung ist die Tatsache, dass sich die neun Kapitel der Komponente Aktivitäten und Partizipation (Teilhabe) der ICF sowohl in dem Bedarfsermittlungsinstrument nach § 118 SGB IX als auch bei den Assistenzleistungen in § 78 Absatz 1 SGB IX finden. Dadurch liegen der Bedarfsermittlung wie der Teilhabeplanung und der Erbringung der Leistungen nach individuellem Bedarf die gleichen Kriterien zugrunde.

In der Regel besteht eine Unterstützung im Rahmen einer Assistenzleistung aus mehreren Komponenten. Zum Beispiel beim Einkaufen täglicher Gebrauchsmittel, das mit der Planung, d2101 »Eine komplexe Ausgabe übernehmen«, beginnt. Mit der Frage, wie die entsprechenden Geschäfte selbstständig erreicht werden können, wird das Kapitel 4 »Mobilität« angesprochen. In dem Einkaufszentrum angekommen, beginnt die eigentliche Assistenz. Hier sind viele elementare Aktivitäten gefordert, die in den Kapiteln 1, »Lernen und Wissensanwendung«, und 2, »Allgemeine Aufgaben und Anforderungen«, beschrieben sind, z. B. d166 »Lesen«, d172 »Rechnen«, d177 »Entscheidungen treffen« (welchen der 17 Joghurts nehme ich?), d2400 »Mit Verantwortung umgehen«, d2401 »Mit Stress umgehen« (der Laden ist gerammelt voll und der bevorzugte Joghurt ist nicht zu finden), »Kommunizieren als Empfänger« (d310–d329) und »Kommunizieren als Sender« (d330–d349). Spätestens an der Kasse ist d730 »Mit Fremden umgehen« gefragt. Und natürlich ist d860 »Elementare wirtschaftliche Transaktionen« zu nutzen, wenn Geld zum Einkaufen von Lebensmitteln gebraucht wird (Konrad 2019, S. 78).

Assistenzleistungen zu allgemeinen Erledigungen des Alltags wie die Haushaltsführung oder die Suche nach Wohnraum können ebenfalls durch sehr viele verschiedene Items abgebildet werden, z. B. »Schreiben« (d166) von E-Mails an Makler und Wohnungsbaugesellschaften, »Entscheidungen treffen« (d177), »Mit Stress und anderen psychischen Anforderungen umgehen« (d240). Angesprochen wird auch der gesamte Bereich des Kapitels 3 »Kommunikation«, z. B. d730 »Mit Fremden umgehen« und d489 »Sich mit Transportmitteln fortbewegen«. Für die Alltagsbewältigung können auch die Items d510 »Sich waschen«, d520 »Seine Körperteile pflegen« und d540 »Sich kleiden« relevant sein. Zur Unterstützung beim Wohnen mit anderen kommt wieder dem Kapitel 3 »Kommunikation« eine große Bedeutung zu, z. B. d3551 »Diskussion mit vielen Menschen«: »Mit mehr als einer Person eine Auseinandersetzung oder Debatte zu initiieren, aufrecht zu erhalten, zu gestalten und zu beenden«. Eine wichtige Fähigkeit in der Alltagsgestaltung, die geübt werden muss.

Assistenzleistungen zur persönlichen Lebensplanung werden durch Kapitel und Items repräsentiert, die auf zukünftige Aktivitäten verweisen wie Kapitel 8 »Bedeutende Lebensbereiche« und Kapitel 9 »Gemeinschafts-, soziales und staatsbürgerliches Leben«. Kapitel 8 umfasst »Erziehung/Bildung« (d810–d839), »Arbeit und Beschäftigung« (d840–d859) und »Wirtschaftliches Leben« (d860–d879). In Kapitel 9 finden sich d920 »Erholung und Freizeit« und d950 »Politisches Leben und Staatsbürgerschaft«. Unter Letzteres kann z. B. das Engagement in Selbsthilfe- und Interessenvertretungsgruppen gefasst werden kann.

Darüber hinaus sind aber auch andere Items relevant wie d177 »Entscheidungen treffen«, d240 »Mit Stress und anderen psychischen Anforderungen umgehen« mit den Einzelitems d2400 »Mit Verantwortung umgehen«, d2401 »Mit Stress umgehen« und d2402 »Mit Krisensituationen umgehen«. Und selbstverständlich sind die Kapitel 3 »Kommunikation« und 7 »Interpersonelle Interaktionen und Beziehungen« auch ein Bestandteil der Assistenz zur persönlichen Lebensplanung.

Assistenzleistungen zur Gestaltung sozialer Beziehungen umfassen vor allem Items aus Kapitel 7 »Interpersonelle Interaktionen und Beziehungen«.

ABBILDUNG 7 Interpersonelle Interaktionen in der ICF

INTERPERSONELLE INTERAKTIONEN IN DER ICF						
Allgemeine interpersonelle Interaktionen		**Besondere interpersonelle Beziehungen**				
d710 Elementare interpersonelle Aktivitäten	**d720 Komplexe interpersonelle Interaktionen**	**d730 Mit Fremden umgehen**	**d740 Formelle Beziehungen**	**d750 Informelle soziale Beziehungen**	**d760 Familienbeziehungen**	**d770 Intime Beziehungen**
d7100 Respekt und Wärme in Beziehungen	d7200 Beziehungen eingehen		d7400 Mit Autoritätspersonen umgehen	d7500 Informelle Beziehungen zu Freunden	d7600 Eltern-Kind-Beziehungen	d7700 Liebesbeziehungen
d7101 Anerkennung in Beziehungen	d7201 Beziehungen beenden		d7401 Mit Untergebenen umgehen	d7501 Informelle Beziehungen zu Nachbarn	d7601 Kind-Eltern-Beziehung	d7701 Eheliche Beziehungen
d7102 Toleranz in Beziehungen	d7202 Verhalten in Beziehungen regulieren		d7402 Mit Gleichrangigen umgehen	d7502 Informelle Beziehungen zu Bekannten	d7602 Beziehungen zu Geschwistern	d7702 Sexualbeziehungen
d7103 Kritik in Beziehungen	d7203 Sozialen Regeln gemäß interagieren			d7503 Informelle Beziehungen zu Mitbewohnern	d7603 Beziehungen zum erweiterten Familienkreis	
d7104 Soziale Zeichen in Beziehungen	d7204 Sozialen Abstand wahren			d7504 Informelle Beziehungen zu Seinesgleichen (Peers)		
d7105 Körperlicher Kontakt in Beziehungen						

Assistenzleistungen zur Teilhabe am kulturellen und gemeinschaftlichen Leben betreffen zunächst Kapitel 9 »Gemeinschafts-, soziales und staatsbürgerliches Leben« mit dem Item d910 »Gemeinschaftsleben«. Darüber hinaus sind vor allem die Kapitel 4 »Mobilität« sowie Kapitel 3 »Kommunikation« relevant, wobei zur Unterstützung von Menschen mit seelischen Beeinträchtigungen der Bedarf eher bei Kapitel 7 »Interpersonelle Interaktionen und Beziehungen« anzusiedeln ist.

Assistenzleistungen zur Freizeitgestaltung einschließlich sportlicher Aktivitäten finden sich ebenfalls in Kapitel 9 »Gemeinschafts-, soziales und staatsbürgerliches Leben«, und zwar mit dem Item d920 »Erholung und Freizeit«. In der Unterkategorie d9201 »Sport« wird vor allem auf »informell oder formell organisierte Wettkampfspiele oder athletische Ereignisse« abgehoben. Auch bei dieser Assistenzleistung kommt dem Kapitel 4 »Mobilität« eine hohe Bedeutung zu.

Assistenzleistungen zur Sicherstellung der ärztlichen und ärztlich verordneten Leistungen sind für Menschen mit seelischen Beeinträchtigungen sehr wichtig. Wiederum sind die Kapitel 3 »Kommunikation« und Kapitel 7 »Interpersonelle Interaktionen und Beziehungen« relevant, darüber hinaus d570 »Auf seine Gesundheit achten« mit den Einzelitems d5700 »Für seinen physischen Komfort sorgen«, d5701 »Ernährung und Fitness handhaben« und d5702 »Seine Gesundheit erhalten«, außerdem wieder d240 »Mit Stress und anderen psychischen Anforderungen umgehen« mit den Einzelitems d2400 »Mit Verantwortung umgehen«, d2401 »Mit Stress umgehen« und d2402 »Mit Krisensituationen umgehen«.

Erbringung der Assistenzleistungen für Menschen mit psychischen Beeinträchtigungen

Die ICF ist ein Klassifikationssystem mit einer funktionalistischen Sprache, die im Kontakt mit der leistungsberechtigten Person unbedingt zu vermeiden ist. Die Ermittlung des individuellen Bedarfs erfordert hinsichtlich der Anwendung der Komponente Aktivitäten und Partizipation (Teilhabe) ein Aufgreifen der verbalen und nonverbalen Äußerungen der leistungsberechtigten Person. Bei der Bedarfsermittlung hat das Fall- bzw. Teilhabemanagement die Stärken und Beeinträchtigungen der Aktivitäten und der Partizipation in der Sprache der leistungsberechtigten Person zu dokumentieren. Bei der Leistungserbringung, die meist über einen längeren Zeitraum erfolgt, muss die emotionale Komponente im Sinne des Fallverstehens für die Leistungsempfänger in der Begegnung (Hildenbrand 2016) spürbar sein. Die leistungserbringende Person muss die besondere Situation der leistungsberechtigten Person verstehen, dabei können ihr die lebensgeschichtliche Rekonstruktion und die ICF-Kategorien helfen. Sie muss aber gleichzeitig auf der mitmenschlichen Ebene so interagieren, dass sie »den Ansprüchen von Autonomiewahrung und Fürsorge gleichermaßen« genügt (Prestin 2021).

Die Prämissen einer recoveryorientierten Haltung und eines rekonstruktiven Fallverstehens können leicht eingefordert werden, sind aber schwer umzusetzen. Einen fachlichen Zugang bietet das Buch »Irre verständlich« (Hammer & Plößl 2013). Die Beschreibung typischer Symptome jedes Krankheitsbildes setzt an der Erfahrung nicht krankhafter Verhaltensmuster an. Erst danach werden wissenschaftliche Erkenntnisse zu den jeweiligen Krankheitsbildern und den Erklärungsmustern ihrer Entstehung zusammengetragen. Das Buch will helfen – wie der Untertitel sagt – Menschen mit psychischer Erkrankung wirksam zu unterstützen. Diese Absicht wird mit einem Nachfolgebuch bestärkt, in dem Methodenschätze entfaltet werden (Hammer & Plößl 2020), die funktionsbezogen und individuell ausgerichtet sind und sich bestens für die Erbringung von Assistenzleistungen eignen. Ausgehend von den Regulationssystemen des Menschen – Alarmsystem, Antriebssystem und Bindungssystem – bietet es hilfreiche Ansätze zu Kommunikation und Gesprächsführung, Umgang mit Emotionen, Umgang mit Gedanken sowie Motivation.

Leistungen zur Tagesstruktur und zur Teilhabe am Arbeitsleben

Neben den Assistenzleistungen sind die »Leistungen zum Erwerb und Erhalt praktischer Kenntnisse und Fähigkeiten« nach § 81 SGB IX zu beachten. Sie stellen für Menschen mit starken Beeinträchtigungen eine Brücke zur WfbM und vergleichbaren Leistungen zur Teilhabe am Arbeitsleben dar, denn sie sollen Leistungsberechtigte vor allem in Fördergruppen, Schulungen und ähnlichen Maßnahmen helfen, lebenspraktische Handlungen zu trainieren. Die Leistungen können in einem Gemeinde- bzw. Sozialpsychiatrischen Zentrum, in einer Kontakt- und Beratungsstelle oder auch in einer von der öffentlichen Hand finanzierten Tagesstätte nach individuellem Bedarf erbracht werden. Leistungen zur Tagesstruktur und zur Teilhabe am Arbeitsleben sind auf maximal drei Stunden an fünf Tagen in der Woche begrenzt, da darüber hinaus die Aufnahme in den Berufsbildungsbereich einer WfbM möglich ist.

Die Teilhabe am Arbeitsleben ist ein zentrales Problem von Menschen mit wesentlicher seelischer Behinderung. Die Arbeit in einer WfbM wird von einem großen Teil abgelehnt und erst nach einer langen Erkrankungsphase als Möglichkeit zur Teilhabe am Arbeitsleben in Betracht gezogen. Die WfbM ist jedoch weiter die zentrale Leistung der Eingliederungshilfe zur Teilhabe am Arbeitsleben (§ 58 in Verbindung mit § 111 SGB IX). Alternativ kommen Leistungen bei anderen Leistungsanbietern nach §§ 60, 62 SGB IX infrage oder die Aufnahme einer Tätigkeit im Rahmen des Budgets für Arbeit nach § 61 SGB IX bei privaten und öffentlichen Arbeitgebern. Wenn der Berufsbildungsbereich der WfbM bei öffentlichen oder privaten Arbeitgebern absolviert wurde, kann ein direkter Übergang in das Budget für Arbeit an der gleichen Arbeitsstelle erfolgen. Das Budget für Arbeit eignet sich aber auch für Personen, die bereits längere Zeit in einer WfbM gearbeitet haben und den Sprung auf den allgemeinen Arbeitsmarkt wagen wollen.

§ 61 SGB IX

Budget für Arbeit

(1) Menschen mit Behinderungen, die Anspruch auf Leistungen nach § 58 haben und denen von einem privaten oder öffentlichen Arbeitgeber ein sozialversicherungspflichtiges Arbeitsverhältnis mit einer tarifvertraglichen oder ortsüblichen Entlohnung angeboten wird, erhalten mit Abschluss dieses Arbeitsvertrages als Leistungen zur Teilhabe am Arbeitsleben ein Budget für Arbeit.

(2) Das Budget für Arbeit umfasst einen Lohnkostenzuschuss an den Arbeitgeber zum Ausgleich der Leistungsminderung des Beschäftigten und die Aufwendungen für die wegen der Behinderung erforderliche Anleitung am Arbeitsplatz. Der Lohnkostenzuschuss beträgt bis zu 75 Prozent des vom Arbeitgeber gezahlten Arbeitsentgelts, höchstens jedoch 40 Prozent der monatlichen Bezugsgröße nach § 18 Absatz 1 des Vierten Buches. Dauer und Umfang der Leistungen bestimmen sich nach den Umständen des Einzelfalles. Durch Landesrecht kann von dem Prozentsatz der Bezugsgröße nach Satz 2 zweiter Halbsatz nach oben abgewichen werden.

(3) Ein Lohnkostenzuschuss ist ausgeschlossen, wenn zu vermuten ist, dass der Arbeitgeber die Beendigung eines anderen Beschäftigungsverhältnisses veranlasst hat, um durch die ersatzweise Einstellung eines Menschen mit Behinderungen den Lohnkostenzuschuss zu erhalten.

(4) Die am Arbeitsplatz wegen der Behinderung erforderliche Anleitung und Begleitung kann von mehreren Leistungsberechtigten gemeinsam in Anspruch genommen werden.

(5) Eine Verpflichtung des Leistungsträgers, Leistungen zur Beschäftigung bei privaten oder öffentlichen Arbeitgebern zu ermöglichen, besteht nicht.

Andere Leistungserbringer eröffnen insbesondere jungen Personen mit wesentlicher seelischer Behinderung die Möglichkeit, bei öffentlichen und privaten Arbeitgebern den Berufsbildungsbereich zu absolvieren und so den Eintritt in eine »Behindertenwerkstatt« mit ihren eigenen Mechanismen zu vermeiden. Für Sandra wäre es eine Chance gewesen, als sie nach Wangen kam. Sie hätte zusätzlich aber auch eine Assistenzleistung zur Gestaltung sozialer Beziehungen gebraucht. Diese ist bei dem Einstieg in das Arbeitsleben für Menschen mit seelischer Behinderung unabdingbar.

Leistungen der medizinischen Rehabilitation im Rahmen der Eingliederungshilfe

Die Leistungen zur medizinischen Rehabilitation werden im Rahmen der Eingliederungshilfe über § 109 SGB IX erbacht. Sie betreffen insbesondere die Fachleistungen nach § 42 Absatz 2 und 3 SGB IX (s. S. 68 f.). Der Bedarf für diese Leistungen wird ebenfalls mit dem Bedarfsermittlungsinstrument nach § 118 SGB IX ermittelt und die Umsetzung dann in der Teilhabeplanung, gegebenenfalls in einer Gesamtplankonferenz eingeleitet.

Ein Problem bei der Umsetzung besteht allerdings darin, dass die Leistungen der medizinischen Rehabilitation von dem Fallmanagement der GKV bisher nicht über ICF-kompatible Instrumente ermittelt werden. Der Träger der Eingliederungshilfe hat somit die Aufgabe, die ermittelten Bedarfe auf Rehabilitationsleistungen nach SGB V zu übertragen. Um die Benachteiligung von Menschen mit wesentlicher Behinderung bei der Wahrnehmung von medizinischen Rehabilitationsleistungen auszuschließen, wird eine Regelung zwischen den Trägern der Eingliederungshilfe und der GKV erforderlich sein.

Bedarfsermittlung für Leistungen der Eingliederungshilfe

Nach § 78 Absatz 2 Satz 1 SGB IX entscheiden die Leistungsberechtigten »auf der Grundlage des Teilhabeplans nach § 19 über die konkrete Gestaltung der Leistungen hinsichtlich Ablauf, Ort und Zeitpunkt der Inanspruchnahme«. Voraussetzung für die Erstellung des Teilhabeplans ist die Ermittlung des individuellen Bedarfs zur Umsetzung der Teilhabewünsche und -ziele der leistungsberechtigten Person. Bei der Ermittlung des Bedarfs sind gegebenenfalls auch Anhaltspunkte einer Pflegebedürftigkeit zu berücksichtigen. Dann muss die zuständige Pflegekasse informiert werden und beratend teilnehmen.

§ 117 SGB IX

Gesamtplanverfahren

(3) Bestehen im Einzelfall Anhaltspunkte für eine Pflegebedürftigkeit nach dem Elften Buch, wird die zuständige Pflegekasse mit Zustimmung des Leistungsberechtigten vom Träger der Eingliederungshilfe informiert und muss am Gesamtplanverfahren beratend teilnehmen, soweit dies für den Träger der Eingliederungshilfe zur Feststellung der Leistungen nach den Kapiteln 3 bis 6 erforderlich ist. Bestehen im Einzelfall Anhaltspunkte, dass Leistungen der Hilfe zur Pflege nach dem Siebten Kapitel des Zwölften Buches erforderlich sind, so soll der Träger dieser Leistungen mit Zustimmung der Leistungsberechtigten informiert und am Gesamtplanverfahren beteiligt werden, soweit dies zur Feststellung der Leistungen nach den Kapiteln 3 bis 6 erforderlich ist.

Anhaltspunkte für Pflegebedürftigkeit finden sich vor allem in den Kapiteln 4 »Mobilität« und 5 »Selbstversorgung« der ICF-Komponente Aktivitäten und Partizipation (Teilhabe). Die Teilnahme der Pflegekasse am Gesamtplanverfahren wird darin bestehen, den Medizinischen Dienst mit einer Begutachtung zu beauftragen. Die Abgrenzung der Aufgaben der Eingliederungshilfe von der Hilfe zur Pflege wurde vom Gesetzgeber so geregelt:

»Aufgabe der Eingliederungshilfe ist die Förderung der vollen, wirksamen und gleichberechtigten Teilhabe am Leben in der Gesellschaft. Aufgabe der Pflege ist die Kompensation von gesundheitlich bedingten Beeinträchtigungen der Selbstständigkeit oder der Fähigkeiten. Die Leistungen der Eingliederungshilfe und die Leistungen der Pflege sind grundsätzlich verschieden und stehen gleichrangig zueinander.« (Deutscher Bundestag 2016a, S. 59).

Die Bedarfsermittlung des Trägers der Eingliederungshilfe unterliegt über § 13 SGB IX hinaus besonderen Vorschriften, die in § 118 SGB IX geregelt sind. Auch an dieser Stelle hat der Gesetzgeber die Tatsache genutzt, dass das SGB IX im Gegensatz zu den anderen Rehabilitationsleistungen das Leistungsgesetz der Eingliederungshilfe ist. Da die Leistungsgesetze für die anderen Rehabilitationsträger in anderen Sozialgesetzbüchern geregelt sind, konnte der Gesetzgeber diesen nur eine Untersuchung zur Nutzung der ICF empfehlen, für die Träger der Eingliederungshilfe hat er die Orientierung an der ICF verbindlich vorgeschrieben.

§ 118 SGB IX

Instrumente der Bedarfsermittlung

(1) Der Träger der Eingliederungshilfe hat die Leistungen nach den Kapiteln 3 bis 6 unter Berücksichtigung der Wünsche der Leistungsberechtigten festzustellen. Die Ermittlung des individuellen Bedarfes erfolgt durch ein Instrument, das sich an der Internationalen Klassifikation der Funktionsfähigkeit, Behinderung und Gesundheit (ICF) orientiert. Das Instrument hat die Beschreibung einer nicht nur vorübergehenden Beeinträchtigung der Aktivität und Teilhabe in den folgenden Lebensbereichen vorzusehen:

1. Lernen und Wissensanwendung,
2. Allgemeine Aufgaben und Anforderungen,
3. Kommunikation,
4. Mobilität,
5. Selbstversorgung,
6. häusliches Leben,
7. interpersonelle Interaktionen und Beziehungen,
8. bedeutende Lebensbereiche,
9. Gemeinschafts-, soziales und staatsbürgerliches Leben

(2) Die Landesregierungen werden ermächtigt, durch Rechtsverordnung das Nähere zur Bedarfsermittlung zu bestimmen.

Für die Bedarfsermittlung nach § 118 SGB IX werden in den Bundesländern unterschiedliche Instrumente genutzt. Einige Bundesländer haben sich auf die Komponente Aktivitäten und Partizipation (Teilhabe) beschränkt, obwohl für die Bedarfsermittlung alle Komponenten der ICF berücksichtigt werden sollten, da die Beeinträchtigung der Teilhabe erst durch die Wechselwirkung zwischen der Beeinträchtigung der mentalen Funktionen und den Kontextfaktoren zu ermitteln ist. Die Bedarfsermittlung umfasst somit:

- die Beeinträchtigung der Körperfunktionen (WHO 2005, S. 39–154)
- die Ermittlung der Wünsche des Leistungsberechtigten zu Ziel und Art der Leistung gemäß § 117 Absatz 2 SGB IX
- die Beeinträchtigungen der Aktivitäten und Partizipation (Teilhabe) (WHO 2005, S. 155–217)
- Umweltfaktoren (ebd., S. 218–265)
- personbezogene Faktoren (s. S. 40 f.)

In Baden-Württemberg hat die Landesregierung zusammen mit den Trägern der Eingliederungshilfe, den Verbänden der Leistungserbringer und den Interessenvertretungen der Menschen mit Behinderung in einem Beteiligungsverfahren auf Grundlage eines Vorschlags der Firma transfer das Bedarfsermittlungsinstrument Baden-Württemberg (BEI_BW) erarbeitet. Das BEI_BW entspricht im Wesentlichen den Vorschlägen der Deutschen Gesellschaft für Rehabilitation (DVfR 2017) und erfasst die oben genannten Punkte.

ABBILDUNG 8 Bedarfsermittlungsinstrument des Landes Baden-Württemberg BEI_BW

DIALOG zwischen Träger der Eingliederungshilfe und Mensch mit Behinderung zur Ermittlung dessen Sichtweise			
Beeinträchtigung der mentalen Funktionen	Lebensvorstellungen und Lebenssituation	Aktivitäten und Teilhabe in Bezug zu Kontextfaktoren	Bedarfe im Hinblick auf individuelle Ziele
Medizinisch-psychologischer Teil zur Erfassung der psychischen Beeinträchtigungen • Ärztliche und andere Unterlagen • Rehabilitationsbegründende Diagnose • Ermittlung der Körperfunktion nach ICF, bei psychisch erkrankten Menschen die mentalen Funktionen mit besonderen Fähigkeiten und Schädigungen	**Wünsche und Lebensvorstellungen** • Wie und wo ich wohnen will • Arbeiten und Lernen • Beziehungen zu Anderen • Freizeit **Ist-Situation** • Wie und wo ich jetzt wohne • Was ich arbeite oder lerne • Jetzige Beziehung zu Anderen • Aktuelle Freizeit-betätigungen	**Fähigkeiten und Beeinträchtigungen** • Lernen und Wissens-anwendung • Allgemeine Anforderungen • Kommunikation • Mobilität • Selbstversorgung • Häusliches Leben • Interpersonelle Interaktionen • Bedeutende Lebensbereiche • Gemeinschaft, soziales Leben • Beschreibung Umwelt- und personbezogene Faktoren	**Teilhabeziele für max. zwei Jahre festlegen und beschreiben (überprüfbar machen)** • Hilfen zur Überwindung von Teilhabebeein-trächtigung benennen (Ermittlung des individuellen Bedarfs) • Übergabe an die Teilhabeplanung nach §19 SGB IX
Beschreibung der gesundheitlichen Situation	Teil 1 Dialog und Erhebungsbogen	Teil 2 Dialog- und Erhebungsbogen	Ergebnisbogen

Neuantrag auf Leistungen der Eingliederungshilfe

Da Sandra nie aufgibt, besteht sie darauf, dass ihr Fall mit den neuen Vorschriften der Eingliederungshilfe bearbeitet wird. Ihre Unzufriedenheit mit der Situation in der ambulanten betreuten Wohngemeinschaft nutzt sie, um einen neuen Antrag beim Träger der Eingliederungshilfe zu stellen. Nach dem SGB IX muss dieser nun tätig werden. Er muss sie nach § 106 SGB IX umfassend beraten (s. S. 94 f.) und ihr mögliche Leistungen nach § 102 SGB IX vorstellen sowie das Instrument der Bedarfsermittlung nach § 118 SGB IX und das Gesamtplanverfahren nach § 117 SGB IX erklären. Er muss sie auf die Möglichkeit der kostenlosen Ergänzenden unabhängigen Teilhabeberatung (EUTB) aufmerksam machen und darauf hinweisen, dass sie ein Recht auf Durchführung einer Teilhabeplankonferenz hat und sich in dem gesamten Verfahren von einer Person ihres Vertrauens unterstützen lassen kann. Sandra wählt ihre Bezugsperson als Person ihres Vertrauens, was sinnvoll ist, da die Bezugsperson verpflichtet ist, mit ihr die einzelnen Schritte durchzugehen und zu planen.

Gesamtplanverfahren Sandra Dellmann

Die dargestellten Vorschriften der Eingliederungshilfe aus Teil 2 des SGB IX werden im Folgenden auf Sandra Dellmanns Teilhabewünsche angewendet. Mit dem BEI_BW werden beispielhaft die Bedarfsermittlung, die Teilhabeplanung sowie die Feststellung der Leistungen im Rahmen der Gesamtplanung inklusive Teilhabezielvereinbarung dargestellt.

Beschreibung der mentalen Funktionen

Eine gute Erfassung der mentalen Funktionen ist bei Menschen mit psychischen Erkrankungen die Grundlage für die Bedarfsermittlung. Zudem sollte eine fachärztliche oder psychologische Begutachtung während des Klinikaufenthalts oder danach durch den Sozialpsychiatrischen Dienst vor der Antragstellung erfolgen. Die Beeinträchtigung der mentalen Funktionen ist unabhängig von der Diagnose festzustellen und variiert innerhalb der Diagnosen erheblich. Bei Sandra wurde mit dem Beginn der Krankheitsgeschichte die Diagnose einer Depression durch die Diagnose einer emotional instabilen Persönlichkeitsstörung ersetzt. Die Beeinträchtigung der mentalen Funktionen dürfte sich jedoch nicht wesentlich verändert haben.

In erster Linie ist die Kategorie b152 »Emotionale Funktionen« mit den Unterkategorien »(Situations-)Angemessenheit der Emotion« (b1520), »Affektkontrolle« (b1521) und »Spannweite von Emotionen« (b1522: Liebe, Hass, Angst, Sorgen, Freude, Furcht und Ärger) in Betracht zu ziehen.

Mit Kenntnis der Lebensgeschichte bis zum 20. Lebensjahr fallen »Globale psychosoziale Funktionen« (b122) ins Auge, hinter denen sich die Fähigkeit verbirgt, »interpersonale Fähigkeiten« zu bilden, die für den »Aufbau reziproker sozialer Interaktionen« benötigt werden. Wenig ausgebildet ist die Unterkategorie »Selbstvertrauen« (b1266) in der Kategorie »Funktionen von Temperament und Persönlichkeit« (b126). Gleichzeitig finden sich in dieser Kategorie Fähigkeiten, die Stärken von Sandra beschreiben, wie »Gewissenhaftigkeit« (b1262), »Offenheit gegenüber neuen Erfahrungen« (b1264) und »Zuverlässigkeit« (b1267).

Die persönlichen Ressourcen wurden in Arzbriefen und anderen Dokumenten von Sandras Krankengeschichte nie erwähnt, sodass sich das Bild einer umfassend funktionsunfähigen Borderlinerin ergeben hat. Für die Befähigung zu Teilhabe am gesellschaftlichen Leben ist es jedoch unabdingbar, diese Fähigkeiten zu nutzen, um bestehende Funktionsbeeinträchtigungen zu überwinden.

Lebensvorstellungen und Lebenssituation

Sandras Wünsche und Ziele wurden in einem Dialog ermittelt, der ungefähr eineinhalb Stunden dauerte. Dabei wurden verschiedene Optionen gegeneinander abgewogen, um zu einer klaren Entscheidung für die für sie passenden Ziele zu gelangen. Das Fall- bzw. Teilhabemanagement des Trägers der Eingliederungshilfe benötigt mit Sicherheit mehr Zeit, da es die leistungsberechtigte Person in der Regel nicht kennt. Es kann daher sinnvoll sein, mit deren Zustimmung neben der Person des Vertrauens weitere Personen einzubeziehen. Es ist unbedingt zu vermeiden, die Wünsche und Lebensvorstellungen mit einem Fragenkatalog abzufragen. Die Frage nach der Lebensgeschichte kann die Richtung weisen, wo die Wünsche und Lebensvorstellungen zu suchen sind. Die Lebensgeschichte ist in Form der personbezogenen Faktoren vorab für das Teilhabe- bzw. Fallmanagement des Trägers der Eingliederungshilfe zu dokumentieren.

Wünsche und Ziele

Unter diesem Punkt werden im BEI_BW die Leitziele als Ergebnis des Gesprächs aufgeschrieben, das ein Mensch mit Behinderung mit dem Träger der Eingliederungshilfe führt. Die Sichtweise des Menschen mit Behinderung muss – besonders bei abweichenden Auffassungen – als solche erkennbar bleiben. Der Blick soll zukunftsgerichtet sein.

Wo und wie will ich wohnen? Sandra möchte in einer eigenen Wohnung leben, auf keinen Fall in einer Wohngemeinschaft, entweder allein oder mit einem Partner. Wichtig ist ihr, dass ihre Katzen ein gutes Zuhause, möglichst mit Gartenzugang, haben.

Was möchte ich arbeiten? Sandra möchte mittelfristig in der WfbM bleiben, dort jedoch ihre Arbeitszeit erhöhen und eine verantwortungsvollere Aufgabe übernehmen. Sie kann sich vorstellen, interessante Aufgaben in der Holzwerkstatt zu übernehmen und in den Transportdienst einzusteigen. Für eine Arbeit auf dem allgemeinen Arbeitsmarkt ist es aus ihrer Sicht zu spät, da sie auf keinen Fall in ihren gelernten Berufen arbeiten möchte und eine weitere Ausbildung nicht für realistisch hält.

Wie möchte ich eine Partnerschaft gestalten? Sandra möchte langfristig wieder eine feste Partnerschaft mit einem Mann eingehen, ihn heiraten und mit ihm zusammenleben. Dieses Ziel ist gegenüber den ersten beiden Zielen nachgeordnet.

Wie will ich meine Freizeit gestalten? Vordringlich möchte Sandra sich sportlich betätigen, um ihr Gewicht besser regulieren zu können. Den Einstieg will sie in einer Nordic-Walking-Gruppe versuchen. Weiterhin kann sie sich Radfahren und Tischtennis vorstellen. Sport in einer Behindertengruppe kommt für sie nicht infrage. Außerdem möchte sie sich abends in der Tagesstruktur-Gaststätte aufhalten und bei Konzerten dabei sein. Sie würde gern in der Gaststätte unentgeltlich mithelfen, auch als Bedienung.

Wie möchte ich meine psychischen Krisen bewältigen? Sandra möchte die Zahl der stationären Aufenthalte deutlich reduzieren und kann sich vorstellen, Krisen in ihrem gewohnten Lebensumfeld – sowohl am Arbeitsplatz als auch in der Wohnung – zu bewältigen.

Welche sonstigen Ziele habe ich noch? Sandra möchte Einblick in die Ursachen ihrer Erkrankung bekommen, um sich emotional von ihrer Mutter lösen zu können. Außerdem möchte sie einen festen Kontakt zu dem in Hamburg lebenden Vater aufbauen und die medikamentöse Therapie ausschleichen.

Ist-Situation

Unter diesem Punkt wird im BEI_BW die Ist-Situation als Ergebnis des Gesprächs aufgeschrieben, das ein Mensch mit Behinderung mit dem Träger der Eingliederungshilfe führt. Auch hier muss die Sichtweise des Menschen mit Behinderung erkennbar bleiben.

Wo und wie ich wohne? Sandra lebt mit drei anderen Bewohnerinnen in einer ambulant betreuten Wohngemeinschaft im Rahmen der dezentral stationären Heimbetreuung in der Stadtmitte von Wangen. Sie hat dort ein Einzelzimmer und es steht ihr wie den anderen ein kleiner Gemeinschaftsbereich zur Verfügung. Jede Bewohnerin lebt allerdings für sich, gemeinsame Mahlzeiten sind sehr selten, auch sonst gibt es keine gemeinschaftlichen Aktivitäten. Sandras Katzen leben in der Wohnung, haben aber keine Möglichkeit, geschützt ins Freie zu gehen, und ihre Ausflüge nach draußen bereiten Sandra großen Stress.

Was arbeite ich? Sandra bezieht eine EU-Rente und arbeitet halbtags in der Lampenmontage einer Werkstatt für Menschen mit seelischer Behinderung. Mit dem aktuellen Werkstattarbeitsplatz ist sie sehr zufrieden und möchte ihn beibehalten.

Wie gestalte ich Partnerschaft? Sandra hat seit Jahren keine feste Partnerschaft. Die Ehe mit ihrem geschiedenen Mann wurde von Sandra als Wiederholung ihrer Beziehung mit ihrer Mutter erlebt. Sie spürte große Erwartungen, hatte aber das Gefühl, nichts zurückzubekommen.

Wie gestalte ich meine Freizeit? Sandra zieht sich häufig in ihr Zimmer zurück und grübelt, wie sie ihr Leben verändern könnte. Seit der Öffnung der Gastwirtschaft in Verbindung mit einem tagesstrukturierenden Angebot verbringt sie einige Zeit dort und unterhält sich mit einer anderen Bewohnerin der dezentral stationären Heimversorgung oder der Wirtin. Sie macht das Angebot, in der Gaststätte mitzuhelfen. Zu Konzerten kommt sie regelmäßig und sieht die Gaststätte als Möglichkeit, mit Menschen außerhalb der psychiatrischen Versorgung in Kontakt zu kommen. Sie hat einen Führerschein und einen Motorroller und ist damit in der Lage, Freizeitangebote auch außerhalb Wangens wahrzunehmen.

Wie bewältige ich meine psychischen Krisen? Sandra hat das Gefühl, dass sie Krisen nur mithilfe der psychiatrischen Klinik bewältigen kann. Eine konkrete Situation beleuchtet dies. Bei einem Konzert in der Tagesstruktur-Gaststätte setzt sich Sandra an einen anderen Tisch als ihre Mitbewohnerinnen, da sie nicht als psychisch beeinträchtigte Besucherin identifiziert werden will. Während des Konzerts steigert sie sich aber zunehmend in Gedanken, dass Besucher, die sie nicht kennen, sie als dick und doof beurteilen, und verlässt nach der Hälfte des Konzerts hocherregt die Gaststätte. Der Mitarbeiterin vor Ort gelingt es nicht, sie zu beruhigen, und sie bringt Sandra in die Klinik.

Welche Dinge beschäftigen mich sonst noch? Sandra zieht sich in ihrer Freizeit meist in ihr Zimmer zurück und wird dann von negativen Gedanken bedrängt. Diese kreisen meist um ihr »verkorkstes Leben« und das problematische Verhältnis zu ihrer Mutter. Darüber hinaus grübelt sie über

Entscheidungen, die ihren Alltag betreffen, wie z. B. die Frage, ob sie wirklich an einer Nordic-Walking-Gruppe teilnehmen soll.

Aktivitäten und Partizipation (Teilhabe)

Dieser Abschnitt beinhaltet die subjektive Wahrnehmung der »nicht nur vorübergehenden Beeinträchtigungen der Aktivitäten und Teilhabe«, wie in § 118 SGB IX gefordert. Erfasst werden jedoch neben den Beeinträchtigungen auch die Fähigkeiten in den neun Kapiteln der Komponente Aktivitäten und Partizipation (Teilhabe) der ICF. Daher ist bei jedem Kapitel zu erheben: »Was ich gut kann und was ich noch nicht so gut kann«.

Das dialogische Prinzip ist auch hier unabdingbar, um die Fähigkeiten und Beeinträchtigungen in den neun Kapiteln herauszuarbeiten. In den Kapiteln, die keine Lebensbereiche sind, wie »Kommunikation« oder »Interpersonelle Interaktionen und Beziehungen«, kann ein großer Teil der Fähigkeiten und Probleme über die Beobachtung gewonnen werden. Günstig ist die Beteiligung einer Person ihres Vertrauens, die gemeinsam mit der leistungsberechtigten Person die Handlungen in bestimmten Situationen schildern kann.

Kapitel 1 »Lernen und Wissensanwendung«

Hinsichtlich »bewusster sinnlicher Wahrnehmung« (d110–d129) und »elementarem Lernen« (d130–d159) liegt Sandra im Durchschnitt, d.h., sie hat keine Probleme, aber auch keine besonderen Stärken. Im Hinblick auf die »Wissensanwendung« (d160–d179) bestehen Schwierigkeiten bei d160 »Aufmerksamkeit fokussieren« und d175 »Probleme lösen«, insbesondere wenn es um die »Lösung komplexer Probleme« (d1751) geht und »Entscheidungen zu treffen« (d177) sind.

Kapitel 2 »Allgemeine Aufgaben und Anforderungen«

Hier ist die Sachlage ähnlich wie bei Kapitel 1. »Eine Einzelaufgabe übernehmen« (d210) und »Mehrfachaufgaben übernehmen« (d230) funktionieren bei Sandra gut, insbesondere wenn es um »tägliche Routineaufgaben« (d230) geht und diese allein durchzuführen sind. Schwierig wird es in der Kategorie d2203 »Mehrfachaufgaben in einer Gruppe« übernehmen. Dann denkt Sandra schnell an das Urteil ihrer Mutter, sie sei eine Versagerin, und kann leicht in Stress kommen. Die Kategorie d240 »Mit Stress und anderen psychischen

Anforderungen umgehen« ist eines ihrer zentralen Probleme. Dies bezieht sich nicht auf d2400 »Mit Verantwortung umgehen«, wo sie eher Stärken hat, sondern auf »interpersonelle Interaktionen«, die in Kapitel 7 noch festgestellt werden.

Kapitel 3 »Kommunikation«

»Kommunizieren als Sender« (d330–d349) ist kein Problem *für Sandra*, »Kommunizieren als Empfänger« (d310–d329) kann schwierig werden, insbesondere als »Empfänger non-verbaler Mitteilungen« (d315). Wenn Sandra Gesten missversteht – was oft passiert –, gerät sie in Stress und neigt dazu, sich panikartig aus der Situation zurückzuziehen.

Kapitel 4 »Mobilität«

In den Kategorien »Die Körperposition ändern und aufrechterhalten« (d410–d429) sowie »Gegenstände tragen, bewegen und handhaben« (d430–d449) gibt es deutliche Stärken. Sandra ist kräftig und kann auch bei Umzügen helfen. Ähnlich ist es bei »Gehen und sich fortbewegen« (d450–d469). Einziges Problem ist die soziale Angst, von anderen Menschen als unfähig betrachtet zu werden. Das verhindert zum Teil das Verlassen der Wohnung über mehrere Tage und zum Teil sogar das Verlassen des Zimmers.

»Sich mit Transportmitteln fortbewegen« (d470–d489) ist eine ihrer größten Stärken. Sie ist in Besitz eines Führerscheins und eines Motorrollers und hat kein Problem, in die zehn Kilometer entfernte Werkstatt zu kommen und dort Transportdienste mit einem Kleintransporter zu übernehmen. Außerdem fährt sie gerne Fahrrad, ist damit innerhalb der Stadt mobil und kann diese Fähigkeit auch für Freizeitbetätigungen nutzen (Kapitel 9).

Kapitel 5 »Selbstversorgung«

Die klassischen Hilfen der Pflegeversicherung, d510 »Sich waschen«, d520 »Seine Körperteile pflegen«, d530 »Die Toilette benutzen«, d540 »Sich kleiden«, d550 »Essen« und d560 »Trinken«, sind für Sandra vollkommen problemfrei. Ein wesentliches Problem bereitet die Kategorie d570 »Auf seine Gesundheit achten«. Für ihr physisches und mentales Wohlbefinden zu sorgen, fällt Sandra schwer. Sie hat eine Adipositas, die vor allem durch die jahrzehntelange Einnahme von Medikamenten verursacht ist und mit der sie sich in einigen körperbezogenen Tätigkeiten beeinträchtigt fühlt. Durch Versuche mit verschiedenen Diäten ist ihr die Praxis einer ausgewogenen Ernährung abhandengekommen. Hinsichtlich des psychischen Wohlbefindens sind die nicht vollzogene mentale Ablösung von der Mutter und die unablässige Beschäftigung damit das größte Problem.

Kapitel 6 »Häusliches Leben«

Bei der »Beschaffung von Lebensnotwendigkeiten« (d610–d629) ist für Sandra das zentrale Problem d610 »Wohnraum beschaffen«, und zwar konkret: eine eigene Wohnung zu mieten. Dieses Problem setzt sich aus verschiedenen Komponenten zusammen, wie dem Gefühl, alles falsch zu machen, von anderen abgelehnt zu werden und bei der Vorstellung vor dem Vermieter unsicher zu werden.

»Waren und Dienstleistungen des täglichen Bedarfs beschaffen« (d620) ist vollkommen unproblematisch. Auch »Haushaltsaufgaben« (d630–d649) sowie d650 »Haushaltsgegenstände pflegen« bereiten keine Schwierigkeiten. Da die Erledigung von Haushaltsaufgaben in der Wohngruppe, deren Mitglieder sie nicht ausgewählt hat, für sie schwierig ist, hat der Umzugswunsch eine hohe Priorität. Aus der Position des eigenständigen Lebens könnte auch d660 »Anderen helfen« genutzt werden. Hier gilt für Sandra, dass es für sie leichter ist, anderen zu helfen, als sich helfen zu lassen.

Kapitel 7 »Interpersonelle Interaktionen und Beziehungen«

Wie bereits in den vorigen Kapiteln deutlich wurde, ist dies der zentrale Problembereich von Sandra. Im Gegensatz zu vielen Menschen mit schweren psychischen Erkrankungen hat sie kaum Schwierigkeiten im Bereich d710 »Elementare interpersonelle Aktivitäten«. Im Hinblick auf »Respekt und Wärme, Toleranz, Kritik und körperlichen Kontakt« in einer bestehenden Beziehung liegen ihre Probleme im gesellschaftlichen Durchschnitt.

Schwierig wird es im gesellschaftlichen Leben, das in den Kapiteln 8 und 9 angesprochen ist. So ist für Sandra Folgendes sehr schwierig: »Beziehungen eingehen« (d7200), »Mit Fremden umgehen« (d730), »Mit Gleichrangigen umgehen« (d7402) und insbesondere »Informelle soziale Beziehungen« (d750) und »Kind-Eltern-Beziehung« (d7601). »Intime Beziehungen« (d770) entsprechen wiederum dem gesellschaftlichen Durchschnitt, wie die zehnjährige Ehe gezeigt hat.

Kapitel 8 »Bedeutende Lebensbereiche«

»Erziehung/Bildung« (d810–d839) sowie »Arbeit und Beschäftigung« (d840–d859) betrachtet Sandra nicht als aktuelles Problem. Eine »bezahlte Tätigkeit« (d850) in Form einer »Teilzeitbeschäftigung« (d8501) hat sie in der WfbM, möchte diese aber qualitativ und quantitativ ausbauen. Dabei geht es vor allem darum, den Gruppenleiter zu überzeugen, dass sie die Arbeit zuverlässig machen wird und wenig Ausfallzeiten durch psychische Krisen hat. Eine »unbezahlte Tätigkeit« (d855) hat sie in der Gastwirtschaft. »Elementare« (d860) und »komplexe wirtschaftliche Transaktionen« (d865) kann sie tätigen, hat sie doch seit ihrem 18. Lebensjahr immer wieder Kredite aufgenommen und trotz ihrer schwierigen Lage getilgt. »Wirtschaftliche Eigenständigkeit« (d870) ist gesichert durch die Kombination EU-Rente und WfbM-Tätigkeit.

Kapitel 9 »Gemeinschafts-, soziales und staatsbürgerliches Leben«

Sandras »Gemeinschaftsleben« (d910) ist wegen der Probleme im Bereich der interpersonellen Interaktionen schwierig. Das betrifft z. B. »Formale Vereinigungen« (d9101), weil sie eigentlich in der Initiative Psychiatrie-Erfahrener Ravensburg tätig werden möchte. Im Bereich »Erholung und Freizeit« (d920) sind vor allem sportliche und Fitnessaktivitäten in Gruppen betroffen sowie Konzertveranstaltungen. Ihre »Menschenrechte« (d940) zu realisieren, ist ihr im Hinblick auf die Selbstbestimmung enorm wichtig. Im Hinblick auf die Bereiche »Religion und Spiritualität« (d930) sowie »Politisches Leben und Staatsbürgerschaft« (d950) besteht aktuell kein Teilhabebedarf.

Umweltfaktoren

Die Komponente Umweltfaktoren der ICF bildet »die materielle, soziale und einstellungsbezogene Umwelt ab, in der Menschen leben und ihr Dasein erfüllen« (WHO 2005, S. 218). Die Umweltfaktoren können Barrieren oder Förderfaktoren sein und werden entsprechend der subjektiven Bewertung der leistungsberechtigten Person erhoben.

Eine sorgfältige Erfassung der Umweltfaktoren ist wichtig, um festzustellen, ob eine wesentliche Behinderung oder nur eine »einfache« Behinderung vorliegt und ob es Förderfaktoren gibt, mit denen Beeinträchtigungen der Aktivitäten und Teilhabe kompensiert werden können. Eine wesentliche

Behinderung liegt vor, wenn die leistungsberechtigte Person in den mentalen Funktionen stark beeinträchtigt ist, es wenige Förderfaktoren und viele Barrieren gibt.

Produkte und Technologien (e110–e199) Für Personen mit psychischen Beeinträchtigungen ist vor allem das Item e1101 »Medikamente« von Bedeutung, es wird entweder als Barriere oder als Förderfaktor erlebt. Bei Sandra ist beides der Fall. Die antidepressive Dauermedikation ist für sie ein Problem, da sie zu einer deutlichen Gewichtszunahme geführt hat. Ritalin hingegen hilft ihr bei der Bewältigung von Stresssituationen.

Natürliche und vom Menschen veränderte Umwelt (e210–e299) Für Sandra ist sie voller Barrieren. Die »Bevölkerungsdichte« (e2151) hat sie bewogen, von Essen ins Allgäu zu ziehen, obwohl das Ruhrgebiet viele Teilhabemöglichkeiten bot. Fehlendes »Licht« (e240) verstärkt im Winter ihre depressive Stimmung und führt zu sozialem Rückzug.

Unterstützung und Beziehungen (e310–e399) Problematisch sind die Bereiche »Engster Familienkreis« (e310) und »Erweiterter Familienkreis« (e315), da der Kontakt zur Mutter völlig stillgelegt ist, der Vater weit entfernt lebt und der Kontakt mit den Geschwistern schwierig ist. Freunde könnten Förderfaktoren sein, müssen aber erst gefunden werden. Bei »Autoritätspersonen« (e330) ist der Werkstattleiter ein Förderfaktor, bei »Fachleuten der Gesundheitsberufe« (e355) gibt es Personen wie ihre Bezugsperson, die sie fördern, und Personen, die sie als Borderlinerin stigmatisieren. Ein starker Förderfaktor sind ihre beiden Katzen im Bereich »Domestizierte Tiere« (e350). Die Sorge um sie trägt dazu bei, dass sie auch in schwer depressiven Phasen versucht, funktionsfähig zu bleiben und sich nicht zu schneiden.

Einstellungen (e410–e499) Hier stellt vor allem die Reduktion auf die Krankheit Borderline-Persönlichkeitsstörung im Bereich »Individuelle Einstellungen von persönlichen Hilfs- und Pflegepersonen« (e440) sowie von »Fachleuten der Gesundheitsberufe« (e450) eine Barriere dar.

Dienste, Systeme und Handlungsgrundsätze (e510–e599) Dazu gehören die für viele Menschen mit Behinderung relevanten »Dienste, Systeme und Handlungsgrundsätze des Transportwesens« (e540). Für Sandra sind vor allem die »Dienste, Systeme und Handlungsgrundsätze der allgemeinen sozialen Unterstützung« (e575) und des »Gesundheitswesens« (e580) relevant. Hinsichtlich der Handlungsgrundsätze wären vor allem ambulante und mobile Dienste hilfreich, wie die häusliche psychiatrische Krankenpflege und ein mobiler Teilhabedienst.

Personbezogene Faktoren

Die personbezogenen Faktoren umfassen »Geschlecht, ethnische Herkunft, Alter, Fitness, Lebensstil, Gewohnheiten, Bewältigungsstile und andere derartige Faktoren« (WHO 2005, S. 23). Sie werden in der ICF allerdings nicht klassifiziert.

Für Menschen mit seelischen Behinderungen, die vor der Erkrankung keine »Behindertenbiografie« haben – also nicht von früher Kindheit an behindert sind –, bietet die lebensgeschichtliche Rekonstruktion eine gute Grundlage für die Beurteilung der personbezogenen Faktoren. Diese wurden bereits dargestellt (s. S. 55 ff.) und soll nur nochmals kurz zusammengefasst werden.

Sandra wird in einer sich auflösenden Gesellschaft und Gemeinschaft geboren, in der sie ab dem dritten Lebensmonat von staatlichen Instanzen erzogen und sozialisiert wird. Von ihrer Mutter erfährt sie ausschließlich negative Beachtung, eine konstante männliche Bezugsperson ist nicht vorhanden. Hinzu kommt der sexuelle Missbrauch durch einen Onkel, als Sandra sechs Jahre alt ist. Durch den Missbrauch auf allen Ebenen entwickelt sie ein tiefes Misstrauen gegenüber anderen Menschen, versucht aber gleichzeitig vergeblich, vor allem die Liebe und Anerkennung der Mutter zu gewinnen.

Die nach den sozialistischen Idealen regulierten Erziehungsinstanzen erzeugen aber auch Resilienzfaktoren. Sandra entwickelt Zähigkeit, Frustrationstoleranz, Durchhaltevermögen, Reflexionsfähigkeit, die Bereitschaft zu helfen, und die Eigenschaft, nie aufzugeben.

Der Mangel an Halt und Orientierung in den ersten zehn Lebensjahren verstärkt sich mit dem Umzug nach Westdeutschland, der ohne weitere Planung direkt nach der Maueröffnung von der Mutter durchgezogen wird. In der Pubertät, eigentlich eine Zeit der Bildung einer eigenen Identität, wird Sandra aus der gewohnten Lebenswelt herausgerissen und nach dem Motto »Friss, Vogel, oder stirb« in die westdeutsche Gesellschaft katapultiert, in der sich auf der personalen Ebene der Individualismus und auf der wirtschaftlichen Ebene der Neoliberalismus durchgesetzt hatte. Gleichzeitig wird sie aus einer protestantisch geprägten Gegend ins katholische Oberschwaben versetzt und kommt mit der Integration in eine Jugendgruppe in fundamentalistische protestantische Kreise, in denen eher Anpassung als Widerstand gelebt wird.

Die Entwicklung von Selbstbewusstsein und Selbstständigkeit gelingt Sandra nur unzureichend, sodass sie sich ohne Rücksicht auf ihre Neigungen durch zwei Berufsausbildungen quält und ihr Ich ständig schwächt. Mit großer Willensanstrengung gelingt es ihr dennoch, längere Zeit unabhängig von staatlicher Unterstützung zu leben und auch nach der Erkrankung durch eine Erwerbsunfähigkeitsrente unabhängig von der Sozialhilfe zu bleiben. Ihre größte Stärke ist, dass sie nie aufgibt und wie ein Boxer auch nach schweren Niederlagen wieder aufsteht; ihre größte Schwäche ist ihre fragile Ich-Identität mit sehr geringem Selbstbewusstsein.

Teilhabeplan

Auf der Grundlage der Ermittlung der Teilhabebeeinträchtigung als Wechselwirkung zwischen psychischen Beeinträchtigungen und den Kontextvariablen wird für Sandra ein Teilhabeplan unter Berücksichtigung der besonderen Vorschriften für die Gesamtplanung nach § 117 SGB IX erstellt. Erstmals geht es dabei nicht um die Bewältigung ihrer Borderline-Persönlichkeitsstörung, sondern um die Frage, wie Sandra mit ihrem Gesundheitsproblem gleichberechtigt am gesellschaftlichen Leben teilhaben kann. Dieser Perspektivenwechsel klammert die Erkrankung nicht aus, nimmt aber die gesunden Anteile als Ausgangspunkt für die weitere persönliche Entwicklung. In diesem Sinne verschmelzen die Begriffe Recovery und Rehabilitation.

Ausgehend von Sandras Wünschen und Zielen werden Unterstützungsleistungen identifiziert, die gemäß § 104 SGB IX auf ihre Angemessenheit geprüft werden. Auf Wunsch der leistungsberechtigten Person wird der Teilhabeplan im Rahmen einer Teilhabeplankonferenz nach § 20 SGB IX durchgeführt, bei der der Träger der Eingliederungshilfe die Vorschriften des Gesamtplanverfahrens gemäß § 119 SGB IX berücksichtigen muss. In der Teilhabekonferenz nehmen neben der Person des Vertrauens und Vertretungen der beteiligten Rehabilitationsträger auch die beteiligten Rehabilitationsdienste und -einrichtungen teil. Der Träger der Eingliederungshilfe stellt dabei die in der Bedarfsermittlung erarbeiteten voraussichtlich erforderlichen Leistungen hinsichtlich Ziel, Art und Umfang funktionsbezogen fest, sodass sie nahtlos ineinandergreifen.

Die Leistungen der Eingliederungshilfe werden nach § 121 SGB IX spätestens nach zwei Jahren überprüft und fortgeschrieben. Für die Teilhabeplanung müssen die ermittelten Teilhabebedarfe in Leistungen zur sozialen Teilhabe »übersetzt« werden. Gleichzeitig wird geprüft, ob weitere Rehabilitationsleistungen bzw Leistungen der Pflege nach SGB XI und SGB XII zur Erreichung der Ziele erforderlich sind. Hinsichtlich der Fachleistungen sind bei Beeinträchtigungen der Aktivitäten und der Partizipation (Teilhabe) entsprechende Assistenzleistungen zur Sozialen Teilhabe einzuleiten.

Die koordinierende Bezugsperson Sandra möchte verschiedene Veränderungen in ihrem Leben herbeiführen. Um ihre Ziele schrittweise zu verwirklichen, muss sie ihr Leben neu planen. Da sie bei komplexen Problemen (d1751) leicht in Entscheidungsschwierigkeiten kommt, benötigt sie Assistenz zur persönlichen Lebensplanung, vor allem dann, wenn sie emotional belastet ist. Entsprechend dem Vorschlag der Aktion Psychisch Kranker (APK) wird diese Assistenzperson als koordinierende Bezugsperson bezeichnet. Vor ihrem lebensgeschichtlichen Hintergrund ist eine weibliche Fachkraft hilfreich, die die Probleme praktisch angeht. Sie sollte Sandra auch hinsichtlich der Bewältigung von Stresssituationen beraten und mit ihr einen Krisenplan ausarbeiten. Zwei Stunden pro Woche dürften für diese Aufgabe angemessen sein.

Wohnen Sandras wichtigstes Ziel ist der Umzug in eine eigene Wohnung. Da hier eine sehr hohe Motivation besteht, insbesondere auch wegen der wachsenden Sorge um die Katzen, wird sie bei der Wohnungssuche möglicherweise nur wenig Unterstützung benötigen. Auf keinen Fall sollte Sandra zu dem Besichtigungstermin von Wohnungen von einer Fachperson begleitet werden, da dies bei Vermietenden den Anschein der Hilfebedürftigkeit erwecken würde. Die koordinierende Bezugsperson entwickelt mit Sandra eine Strategie, wie sie gegenüber einer Maklerin bzw. einem Vermieter mit dem Problem ihrer psychischen Erkrankung umgeht.

Gestaltung sozialer Beziehungen Ein weiteres wichtiges Ziel ist die gemeinsame Aktivität mit Menschen ohne seelische Behinderung. Sandra möchte an einer Nordic-Walking-Gruppe teilnehmen, befürchtet aber die Ablehnung der Gruppe. Angesichts ihrer Lebens- und Krankheitsgeschichte muss dieses Ziel ernst genommen werden. Es geht vordergründig um sportliche bzw. Freizeitbetätigung, eigentlich geht es aber um den Aufbau von Vertrauen gegenüber Mitmenschen, vor dessen Hintergrund sich eine bessere Emotionsregulation entwickeln kann. Es ist ein existenzielles Problem, das über die begleitete Interaktion mit Fremden angegangen werden kann.

Damit greift die Assistenzleistung zur Gestaltung sozialer Beziehungen, die wie die Assistenz zur persönlichen Lebensplanung nur von qualifizierten Fachkräften erbracht werden kann. Sinnvollerweise erarbeitet die koordinierende Bezugsperson, zu der nach gewisser Zeit eine tragfähige Beziehung besteht, mit Sandra entsprechende Maßnahmen. Diese bestehen aus der Vorbereitung des Lauftermins, bei dem die Ängste vor der Aktivität bearbeitet werden, der Aktivität selbst und der Nachbesprechung.

Das Gespräch über die komplexe Handlung allein ist nicht ausreichend, die qualifizierte Assistenzkraft muss auch beim Laufen selbst dabei sein, um

ABBILDUNG 9 Bedarfsermittlung und Leistungsfeststellung im Rahmen der Gesamt-

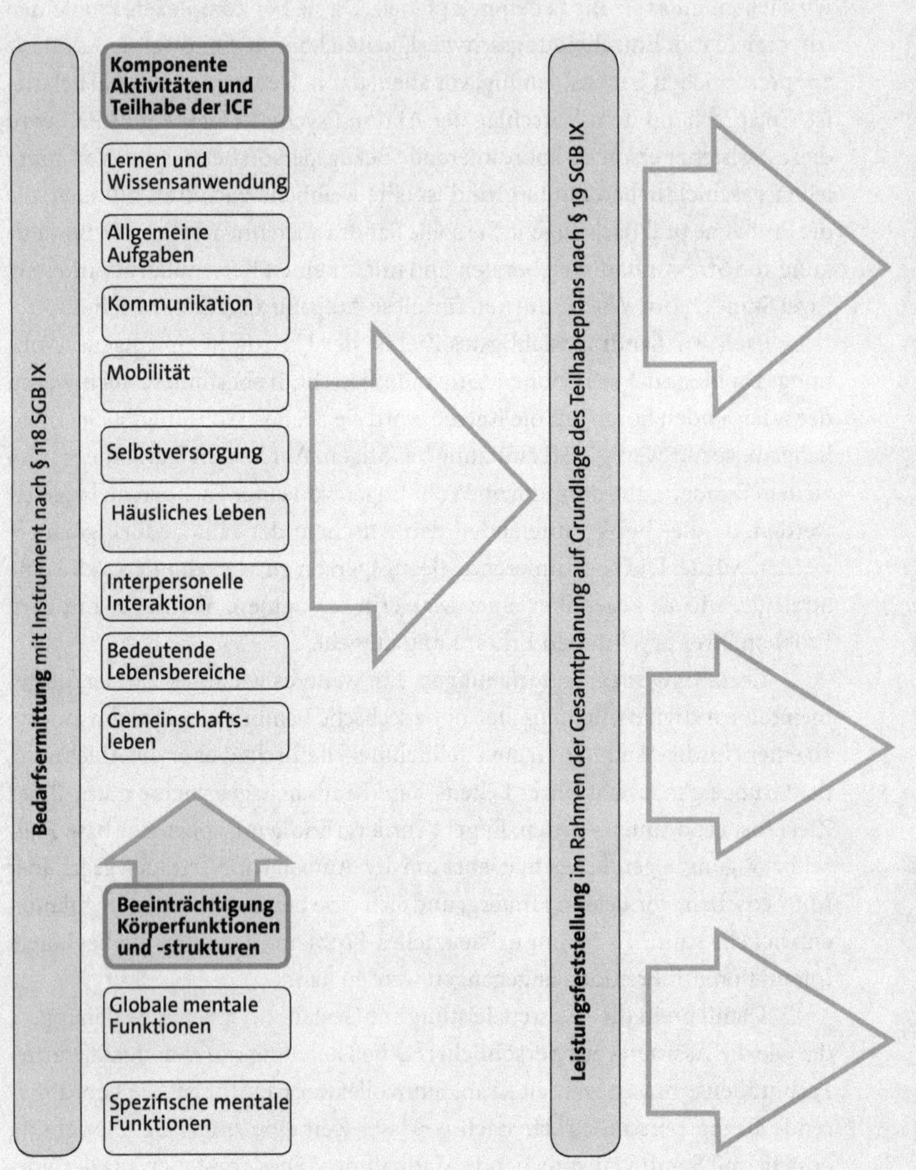

planung (nach Konrad 2019, S. 40f.)

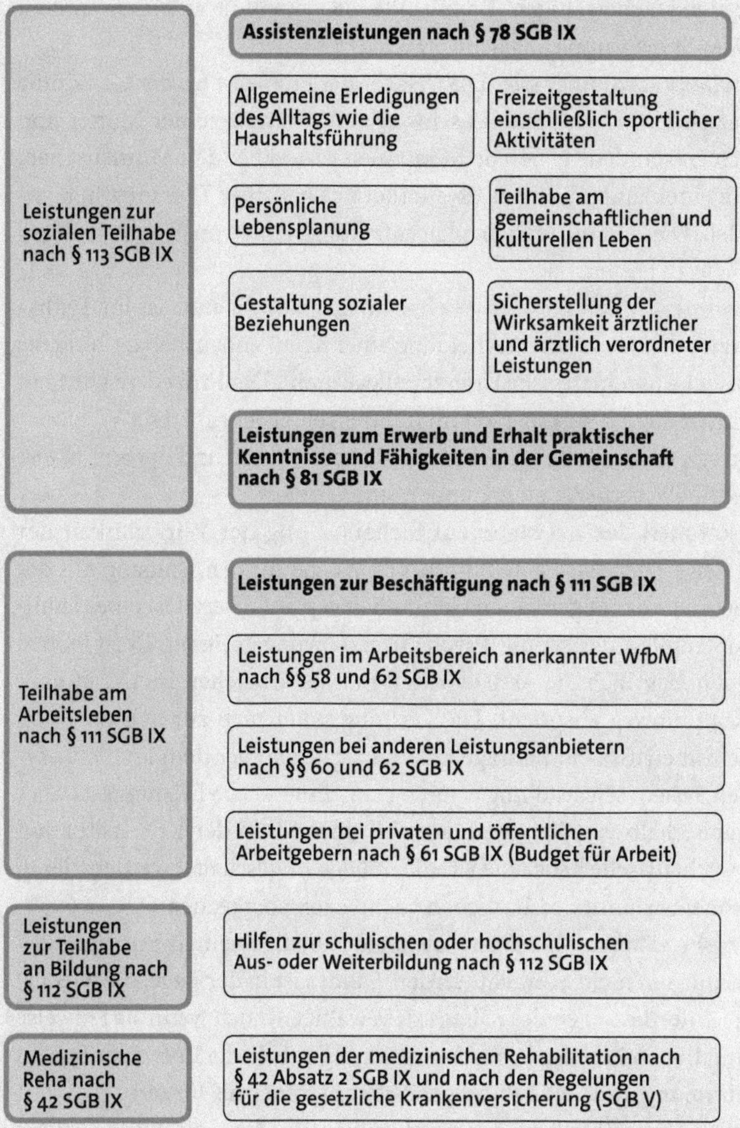

Leistungen zur sozialen Teilhabe nach § 113 SGB IX

Assistenzleistungen nach § 78 SGB IX

Allgemeine Erledigungen des Alltags wie die Haushaltsführung

Freizeitgestaltung einschließlich sportlicher Aktivitäten

Persönliche Lebensplanung

Teilhabe am gemeinschaftlichen und kulturellen Leben

Gestaltung sozialer Beziehungen

Sicherstellung der Wirksamkeit ärztlicher und ärztlich verordneter Leistungen

Leistungen zum Erwerb und Erhalt praktischer Kenntnisse und Fähigkeiten in der Gemeinschaft nach § 81 SGB IX

Teilhabe am Arbeitsleben nach § 111 SGB IX

Leistungen zur Beschäftigung nach § 111 SGB IX

Leistungen im Arbeitsbereich anerkannter WfbM nach §§ 58 und 62 SGB IX

Leistungen bei anderen Leistungsanbietern nach §§ 60 und 62 SGB IX

Leistungen bei privaten und öffentlichen Arbeitgebern nach § 61 SGB IX (Budget für Arbeit)

Leistungen zur Teilhabe an Bildung nach § 112 SGB IX

Hilfen zur schulischen oder hochschulischen Aus- oder Weiterbildung nach § 112 SGB IX

Medizinische Reha nach § 42 SGB IX

Leistungen der medizinischen Rehabilitation nach § 42 Absatz 2 SGB IX und nach den Regelungen für die gesetzliche Krankenversicherung (SGB V)

Sandra die notwendige Sicherheit zu geben und Irritationen aufzufangen. Es ist denkbar, dass sie schon bei der Begrüßung etwas missversteht und wieder aussteigt. Die Aktivität ist so lange gemeinsam durchzuführen, bis Sandra es schafft, sie allein zu bewältigen. Dann sollte die Teilnahme an einer weiteren Freizeit- oder Sportgruppe angegangen werden.

Ambulante Psychotherapie Die Ursache der Probleme bei der Gestaltung sozialer Beziehungen, nämlich das schwierige Verhältnis zu der Mutter und das dadurch entstandene generelle Misstrauen gegenüber den Mitmenschen, kann nur in einer längerfristigen Psychotherapie bei einer Therapeutin bearbeitet werden. Diese ist im Teilhabeplan aufzuführen und von der zuständigen Krankenkasse zu leisten.

Krisenintervention und Krankheitsmanagement Ebenso ist im Teilhabeplan festzuhalten, dass zur Vermeidung einer Krankenhausbehandlung bei Krisen häusliche psychiatrische Krankenpflege greift. Das Prozedere wird mit der koordinierenden Bezugsperson im Rahmen einer schriftlichen Vereinbarung festgelegt, in der die behandelnde ärztliche Fachkraft und der ambulante psychiatrische Pflegedienst eingebunden sind.

Im Rahmen der Assistenz zur Sicherstellung der Wirksamkeit der ärztlichen Leistungen wird eine Stunde pro Woche für den Umgang mit der Medikation sowie der allgemeinen Gesundheit geplant. Hierzu ist eine examinierte Krankenpflegeperson mit Psychiatrieerfahrung geeignet. Es ist jedoch zu vermeiden, dass sich die Assistenzkraft mit der ärztlichen Fachkraft über Sandras Kopf hinweg abspricht. Die Leistung sollte auch zur Stärkung von Sandras Selbstbewusstsein beitragen, damit sie gegenüber dem ärztlich-psychiatrischen System selbstständig agieren kann. Eine solche Leistung ist daher auch nur außerhalb von Krisensituationen sinnvoll. In der Krisensituation muss die psychiatrische häusliche Krankenpflege eingeschaltet werden, deren Pflegepersonen sich mit der ärztlichen Fachperson absprechen.

Alltagsbewältigung Assistenzleistungen zu allgemeinen Erledigungen des Alltags müssen nicht erbracht werden. Sandra ist in der Lage, die wiederkehrenden Anforderungen des Alltags zu bewältigen, auch wenn sie teilweise in Stresssituationen kommt. Eine Unterstützung würde die Entwicklung von Selbstbestimmung und Selbstständigkeit eher hemmen als fördern.

Weitere Unterstützungsleistungen im Bereich der Gestaltung sozialer Beziehungen werden hintangestellt, um Sandra nicht zu überfordern. Hier ist Achtsamkeit am Platz (vgl. Knuf & Hammer 2013). Auch psychisch gesunde Menschen ändern ihre eingespielten Gewohnheiten nur Schritt für Schritt. Das BTHG hat es ermöglicht, dass passgenaue Hilfen im Rhythmus der leistungsberechtigten Person über konkrete Unterziele erreicht werden können.

Rufbereitschaft Schließlich wird vereinbart, dass Sandra über 24 Stunden an sieben Tagen der Woche Assistenzleistungen zur Erreichbarkeit einer Ansprechperson nach § 78 Absatz SGB IX in Anspruch nehmen kann. Dadurch können unabhängig von den vereinbarten Leistungen akute Probleme bei der Gestaltung sozialer Beziehungen geklärt oder größere psychische Krisen vermieden werden. Die Rufbereitschaft könnte sie prinzipiell bei ihrem aktuellen Leistungserbringer, dem Träger der dezentralen Heimversorgung, in Anspruch nehmen. Mit der Inanspruchnahme der Assistenzleistungen in Form einer Rufbereitschaft unabhängig von der Wohnform haben die Träger der Eingliederungshilfe und die Leistungserbringer aber noch Probleme. Das liegt vor allem daran, dass die Bereitschaftsleistungen in der Vergangenheit auf den stationären Bereich begrenzt und in der Regel auch nur auf die Nachtzeiten ausgerichtet waren. Organisatorisch ist eine 24-Stunden-Rufbereitschaft aber leistbar, wenn ein Leistungserbringer die Leistung für viele Leistungsberechtigte anbietet oder mit anderen Leistungserbringern kooperiert.

Arbeit und Beschäftigung Mögliche Schwierigkeiten bei der Umsetzung der Ziele in der WfbM sind auf der Grundlage des guten Vertrauensverhältnisses zu dem Werkstattleiter zu bewältigen. Die koordinierende Bezugsperson sorgt im Rahmen der persönlichen Lebensplanung für die Abstimmung mit Sandra und dem Werkstattleiter. Die Leistungen in der WfbM werden bisher in der Regel nicht personenzentriert erbracht. Das bedeutet, dass Personen mit herausfordernden Verhaltensweisen meist aus der WfbM ausgeschlossen werden. Bei Sandra war das in der vorhergehenden WfbM ein Problem, da es bei Konflikten zwischen den Beschäftigten keinen moderierenden Werkstattleiter gab. Daher soll an dieser Stelle die Fallorientierung kurz verlassen werden, um alternative Möglichkeiten der Teilhabe am Arbeitsleben für Menschen mit wesentlicher Behinderung ansprechen zu können.

Exkurs: Teilhabe am Arbeitsleben und an Bildung

Das BTHG hat für Personen, die Anspruch auf Leistungen in einer WfbM haben, den Zugang zu einer Beschäftigung in regulären Betrieben erleichtert. In der Vergangenheit war zwar auch bereits die Beschäftigung in sogenannten Außenarbeitsplätzen möglich, es blieb aber immer die Abhängigkeit von der WfbM. Diese war in der Regel auch nur mäßig daran interessiert, leistungsfähige Mitarbeitende an einen Betrieb abzugeben oder mit ihren

Kapazitäten unterstützende psychosoziale Hilfen zu gewährleisten. Andere Leistungsanbieter können nun nach § 60 SGB IX ein virtuelles Werkstattsystem aufbauen, das ausschließlich Arbeitsplätze in regulären Betrieben nutzt. Die Assistenzleistungen zur persönlichen Lebensplanung und zur Gestaltung sozialer Beziehungen können sie nach individuellem Bedarf erbringen. Dazu müssen sie eine Leistungsvereinbarung über diese beiden Assistenzleistungen mit dem für den Ort der Leistungserbringung zuständigen Träger der Eingliederungshilfe abschließen. Der andere Leistungsanbieter kann auch bei Werkstattmitarbeitenden, die im Rahmen des Budgets für Arbeit nach § 61 SGB IX einen Lohnkostenzuschuss bei einem öffentlichen oder privaten Arbeitgeber bekommen, Assistenzleistungen erbringen. Durch diese Regelungen wird der Übergang in ein sozialversicherungspflichtiges Arbeitsverhältnis auf dem allgemeinen Arbeitsmarkt erleichtert.

Ebenso wie die Teilhabe am Arbeitsleben wird auch die Teilhabe an Bildung unterstützt. Für die stetig wachsende Anzahl von Care Leavern – also jungen Menschen mit einer seelischen Behinderung zwischen 18 und 21 Jahren, die keine Leistungen der Jugendhilfe mehr annehmen und in das psychiatrische Hilfesystem kommen – sind die Leistungen zur Teilhabe an Bildung nach § 112 SGB IX aber eine Möglichkeit, den Schulabschluss nachzuholen oder eine (Hochschul-)Ausbildung zu beginnen oder zu beenden. Die konkreten Leistungen müssen noch entwickelt werden, einige Bundesländer haben analog zu dem Budget für Arbeit ein Budget für Ausbildung eingeführt.

Feststellung der Leistungen

Die von Sandra gewünschten und für den Weg zur gleichberechtigten Teilhabe als notwendig erachteten Leistungen werden auf ihren Antrag hin in einer Gesamtplankonferenz nach § 119 SGB IX besprochen. Sinnvollerweise nehmen an der Gesamtplankonferenz auch Leistungserbringer teil, die eine Leistungsvereinbarung nach § 125 SGB IX für entsprechende Assistenzleistungen abgeschlossen haben. Insgesamt sind ungefähr zehn Stunden pro Woche an Leistungen der qualifizierten Assistenz zu veranschlagen, die von dem Träger der Eingliederungshilfe zu leisten sind. Die Leistungen sind individuell entsprechend den Wünschen von Sandra über »Ablauf, Ort und Zeitpunkt der Inanspruchnahme« (§ 78 SGB IX) zu erbringen. Eine passgenaue Leistungserbringung wird am besten über Fachleistungsstunden sichergestellt, die in der Leistungsvereinbarung zwischen den Leistungserbringern und dem Träger der Eingliederungshilfe vereinbart werden können (s. S. 138 f.).

Mit Fachleistungsstunden kann auch die Leistungserbringung durch mehrere Leistungserbringer am besten geregelt werden. Im Gegensatz zu der Leistungserbringung in besonderen Wohnformen muss die Leistungserbringung in einer akuten Krise nicht unterbrochen werden. In Krisensituationen ist die Unterstützung durch vertraute Personen besonders wichtig. Sowohl in der Klinik als auch bei der Krisenbewältigung zu Hause ist die Assistenz zur Sicherstellung der Wirksamkeit ärztlicher Leistungen von hoher Bedeutung. Für Sandra ist auch die Assistenz zur Gestaltung sozialer Beziehungen, die insbesondere in einem Krankenhaus besondere Formen annehmen, sehr wichtig.

Die Zahl der Fachleistungsstunden wird für einen bestimmten Zeitraum vereinbart. Aufgrund der starken Chronifizierung der Probleme bei Sandra ist die Ausschöpfung des maximalen Zeitraums von zwei Jahren sinnvoll. In dieser Zeit wird der Teilhabebedarf relativ konstant sein, sodass der Leistungserbringer entsprechend kalkulieren kann und die monatliche Abrechnung relativ einfach ist.

§ 120 SGB IX

Feststellung der Leistungen

(1) Nach Abschluss der Gesamtplankonferenz stellen der Träger der Eingliederungshilfe und die beteiligten Leistungsträger ihre Leistungen nach den für sie geltenden Leistungsgesetzen innerhalb der Fristen nach den §§ 14 und 15 fest.

(2) Der Träger der Eingliederungshilfe erlässt auf Grundlage des Gesamtplanes nach § 121 den Verwaltungsakt über die festgestellte Leistung nach den Kapiteln 3 bis 6. Der Verwaltungsakt enthält mindestens die bewilligten Leistungen und die jeweiligen Leistungsvoraussetzungen. Die Feststellungen über die Leistungen sind für den Erlass des Verwaltungsaktes bindend. Ist eine Gesamtplankonferenz durchgeführt worden, sind deren Ergebnisse der Erstellung des Gesamtplanes zugrunde zu legen. Ist der Träger der Eingliederungshilfe Leistungsverantwortlicher nach § 15, sind die Feststellungen über die Leistungen für die Entscheidung nach § 15 Absatz 3 bindend. (...)

(4) In einem Eilfall erbringt der Träger der Eingliederungshilfe Leistungen der Eingliederungshilfe nach den Kapiteln 3 bis 6 vor Beginn der Gesamtplankonferenz vorläufig; der Umfang der vorläufigen Gesamtleistung bestimmt sich nach pflichtgemäßem Ermessen.

Die Psychotherapie und die Leistungen der häuslichen Krankenpflege belasten den Träger der Eingliederungshilfe nicht, wirken sich aber nachhaltig auf die selbstbestimmte und eigenständige Bewältigung des Alltags aus und reduzieren Klinikaufenthalte. Die für Sandra zuständige Krankenkasse hat den Anspruch auf Leistungen der Psychotherapie nach § 42 Absatz 2 Nummer 5 SGB IX festzustellen sowie den Anspruch auf Hilfen »zur seelischen Stabilisierung und zur Förderung der sozialen Kompetenz, unter anderem durch Training sozialer und kommunikativer Fähigkeiten und im Umgang mit Krisensituationen« nach § 42 Absatz 3 Nummer 5 SGB IX. Würde sich die Krankenkasse nicht an der Gesamtplankonferenz beteiligen, obgleich sie rechtzeitig dazu eingeladen wurde, könnte der Träger der Eingliederungshilfe auch diese Leistungen in der Gesamtplankonferenz feststellen und die gesamten Leistungen in einem Verwaltungsakt bewilligen. Dies ermöglicht der letzte Satz in § 15 Absatz 2 SGB IX, der besagt, dass die erforderlichen Leistungen nach allen in Betracht kommenden Leistungsgesetzen getroffen werden: »Anderenfalls stellt der leistende Rehabilitationsträger den Rehabilitationsbedarf nach allen in Betracht kommenden Leistungsgesetzen umfassend fest«.

Besonders wichtig für Menschen mit seelischen Beeinträchtigungen ist angesichts der immer kürzer werdenden Verweildauer in der klinischen Behandlung die Eilfallregelung in Absatz 4. Danach kann der Träger der Eingliederungshilfe die Leistungen der medizinischen Rehabilitation vor der gemeinsamen Abstimmung festlegen.

Gesamtplan

Mit der Erstellung des Gesamtplans werden die festgestellten Leistungen durch den Träger der Eingliederungshilfe schriftlich hinterlegt. Die leistungsberechtigte Person bekommt damit ein »Ticket« für die Durchführung der festgestellten Leistungen. Sie kann sich nun einen oder mehrere Leistungserbringer aussuchen, die die Leistungen erbringen. Das ist eine fundamental andere Praxis als in der Vergangenheit, in der die Leistungserbringer die Zusage von dem Träger der Eingliederungshilfe bekommen haben. Wie bei den Leistungen zum Persönlichen Budget treten Leistungsberechtigte und Leistungserbringer in eine direkte Dienstleistungsbeziehung, mit der das Wunsch- und Wahlrecht für Fachleistungen umgesetzt wird.

Menschen mit einer seelischen Behinderung stehen hier vor dem Problem, dass sie wissen müssen, welcher Leistungserbringer welche Leistungen in welchem Sozialraum anbietet. Wenn eine Gesamtplankonferenz mit den

Leistungserbringern in dem betreffenden Sozialraum durchgeführt würde, könnte hier bereits eine Vorklärung stattfinden.

§ 121 SGB IX

Gesamtplan

(1) Der Träger der Eingliederungshilfe stellt unverzüglich nach der Feststellung der Leistungen einen Gesamtplan insbesondere zur Durchführung der einzelnen Leistungen oder einer Einzelleistung auf.

(2) Der Gesamtplan dient der Steuerung, Wirkungskontrolle und Dokumentation des Teilhabeprozesses. Er bedarf der Schriftform und soll regelmäßig, spätestens nach zwei Jahren, überprüft und fortgeschrieben werden.

(3) Bei der Aufstellung des Gesamtplanes wirkt der Träger der Eingliederungshilfe zusammen mit
1. dem Leistungsberechtigten,
2. einer Person seines Vertrauens und
3. dem im Einzelfall Beteiligten, insbesondere mit
a. dem behandelnden Arzt,
b. dem Gesundheitsamt,
c. dem Landesarzt,
d. dem Jugendamt und
e. den Dienststellen der Bundesagentur für Arbeit.

(4) Der Gesamtplan enthält neben den Inhalten nach § 19 mindestens
1. die im Rahmen der Gesamtplanung eingesetzten Verfahren und Instrumente sowie die Maßstäbe und Kriterien der Wirkungskontrolle einschließlich des Überprüfungszeitpunkts,
2. die Aktivitäten der Leistungsberechtigten,
3. die Feststellungen über die verfügbaren und aktivierbaren Selbsthilferessourcen des Leistungsberechtigten sowie über Art, Inhalt, Umfang und Dauer der zu erbringenden Leistungen,
4. die Berücksichtigung des Wunsch- und Wahlrechts nach § 8 im Hinblick auf eine pauschale Geldleistung und
5. die Erkenntnisse aus vorliegenden sozialmedizinischen Gutachten.

(5) Der Träger der Eingliederungshilfe hat der leistungsberechtigten Person Einsicht in den Gesamtplan zu gestatten.

Im Gesamtplan hat der Träger der Eingliederungshilfe zu formulieren, was in der Teilhabeplanung als Leistungsanspruch festgestellt und bewilligt wurde, und er hat zu dokumentieren, dass die leistungsberechtigte Person, deren Person des Vertrauens, der behandelnde Arzt sowie beteiligte Gesundheits- und Sozialbehörden mitgewirkt haben. Mitwirkung bedeutet nicht Information, sondern Beteiligung, Partizipation im Sinne der UN-BRK.

Besonders wichtig für Menschen mit seelischer Beeinträchtigung ist die Vorschrift, dass der behandelnde Arzt einbezogen werden muss. Nur der behandelnde Facharzt oder in Zukunft auch die Psychotherapeutin sind in der Lage, die Beeinträchtigung der mentalen Funktionen individuell und sachgerecht zu beurteilen.

In der Regel werden Leistungen der Eingliederungshilfe von Personen mit seelischen Beeinträchtigungen während der ambulanten, klinischen, tagesklinischen oder stationsäquivalenten Behandlung beantragt. In diesem Fall können psychologische und weitere Fachkräfte Informationen zu den mentalen Funktionen und den Aktivitäten zur Teilhabe beitragen.

Der Gesamtplan dient der Steuerung der Leistungen der Eingliederungshilfe. Die Möglichkeit der Steuerung durch die öffentliche Hand wurde durch das BTHG gestärkt, weil die Leistungen der vorrangigen Rehabilitationsträger umfassend einbezogen werden können. Nur wenn dies konsequent realisiert wird, ist die Quadratur des Kreises zu vollziehen. Das BTHG soll kein Spargesetz werden, die öffentliche Hand soll jedoch bei den Leistungen zur sozialen Teilhabe einsparen können, um die höheren Kosten für die Planung kompensieren zu können. Dazu bedarf es aber eines Zugangs zu den Leistungen der vorrangigen Rehabilitationsträger.

Sandra könnte theoretisch Leistungen der Mobilen Psychiatrischen Rehabilitation zulasten ihrer Krankenkasse in Anspruch nehmen (s. S. 75 f.). Für diese Leistungen gibt es im Kreis Ravensburg jedoch keinen Leistungsanbieter. Es ist daher die Aufgabe der kommunalen Psychiatrieplanung, im Rahmen der Daseinsfürsorge für den Abschluss eines Versorgungsvertrags für Mobile Psychiatrische Rehabilitation zwischen einem Leistungsanbieter und der GKV zu sorgen.

Die Dokumentation des Teilhabeplans dient auch der Wirkungskontrolle des Teilhabeprozesses. Die Wirkungskontrolle wird von den Leistungsanbietern im Denken der »alten Welt« der alten »Hilfen zu selbstbestimmtem Leben in betreuten Wohnmöglichkeiten« als Misstrauen erlebt. Wenn man sich aber klarmacht, dass am Teilhabeunterstützungsprozess zumeist mehrere Leistungsanbieter mit verschiedenen Leistungen beteiligt sind, die

die leistungsberechtigte Person mitbestimmt hat, wird verständlich, dass der Träger der Eingliederungshilfe im Sinne der leistungsberechtigten Person nachvollziehen können muss, ob die jeweilige Leistung zu der gewünschten Teilhabe führt.

Wenn z. B. in Sandras Fall die »Hilfen zur seelischen Stabilisierung und zur Förderung der sozialen Kompetenz, unter anderem durch Training sozialer und kommunikativer Fähigkeiten und im Umgang mit Krisensituationen« nach § 42 Absatz 3 Nummer 5 SGB IX nicht zu der Vermeidung von Klinikeinweisungen führen, ist es möglicherweise sinnvoll, stattdessen die »Assistenzleistung zur Gestaltung sozialer Beziehungen oder zur Sicherstellung der ärztlichen oder ärztlich verordneten Leistungen« nach § 78 Absatz 1 SGB IX zu wählen. Für die Wirkungskontrolle ist es unabdingbar, dass im individuellen Teilhabeplan Maßstäbe und Kriterien der Wirkungskontrolle einschließlich des Überprüfungszeitpunkts festgelegt werden. Der spätestmögliche Überprüfungszeitpunkt für die Leistungen der Eingliederungshilfe liegt bei zwei Jahren. Bei Menschen mit seelischen Beeinträchtigungen, die erstmals Leistungen der Eingliederungshilfe erhalten, wird in der Regel zu einem früheren Zeitpunkt geprüft werden, ob die Leistungen wirken. Bei Sandra hingegen passt die Zweijahresfrist wahrscheinlich, es wäre nur zu überlegen, ob die Assistenzleistungen zur Gestaltung sozialer Beziehungen vorher überprüft werden.

Die Dokumentation des Leistungsgeschehens ist auch für die Betroffenen von großer Bedeutung. Sie hat für sie die Funktion einer Prozessdokumentation analog zu einer psychotherapeutischen Behandlung. Sie kann von den beteiligten Fachkräften auch für die Fallsupervision genutzt werden, wenn z. B. Phänomene von Widerstand sowie »Übertragung und Gegenübertragung« auftauchen (vgl. Theunissen 2019, S. 207).

Der Gesamtplan muss auch die Berücksichtigung des Wunsch- und Wahlrechts enthalten, und zwar in Bezug auf § 8 SGB IX, dass »Sachleistungen zur Teilhabe, die nicht in Rehabilitationseinrichtungen auszuführen sind, (…) auf Antrag der Leistungsberechtigten als Geldleistungen erbracht werden (können), wenn die Leistungen hierdurch voraussichtlich bei gleicher Wirksamkeit wirtschaftlich zumindest gleichwertig ausgeführt werden können«. Hier sind die Leistungen des Persönlichen Budgets angesprochen, auf dessen Grundlage nach § 116 Absatz 1 Nummer 1 SGB IX auch die »Assistenz zur Übernahme von Handlungen zur Alltagsbewältigung sowie Begleitung der Leistungsberechtigten« erbracht werden kann (s. S. 90).

Die Leistungen zur einfachen Assistenz über ein Persönliches Budget zu finanzieren, ist zwar vor allem für Menschen mit Körper- und Sinnesbeeinträchtigungen bzw. Mehrfachbeeinträchtigungen relevant. Jörg Kastl hat jedoch in einer eindrücklichen Falluntersuchung gezeigt, dass die Erbringung spezifischer Leistungen über das Persönliche Budget durch Angehörige, Nachbarn und Freunde gerade bei Menschen mit schweren psychischen Beeinträchtigungen die Teilhabe sicherstellen kann (Kastl 2009).

Teilhabezielvereinbarung und Leistungsvereinbarung

Mit dem Gesamtplan weiß die leistungsberechtigte Person, welche Leistungen ihr zustehen. Sie steht dann vor der Herausforderung, geeignete Leistungserbringer zu wählen. Damit wird sie vor eine schwierige und für Menschen mit schweren psychischen Beeinträchtigungen neue Aufgabe gestellt.

Auswahlkritierien In der Vergangenheit hatte in der Regel die rechtliche Betreuungsperson eine »geeignete« Einrichtung gesucht, die ein festes Angebot hatte, in das sich die leistungsberechtigte Person einfügen musste. Jetzt hat jede leistungsberechtigte Person den Anspruch auf individuelle Leistungen, die nach Art, Inhalt, Umfang und Qualität auf sie zugeschnitten sind und die ein oder mehrere Dienstleister erbringen müssen. Damit sie Kriterien für die Auswahl hat, ist eine Teilhabezielvereinbarung mit dem Träger der Eingliederungshilfe sinnvoll. Dadurch hat die leistungsberichtigte Person auch eine Handhabe, wenn sich mit der Zeit herausstellt, dass mit dem gewählten Leistungserbringer das gewünschte Teilhabeziel nicht umzusetzen ist. Sie kann dann den Vertrag kündigen und einen anderen Leistungserbringer wählen oder die Teilhabezielvereinbarung mit dem Träger der Eingliederungshilfe anpassen.

§ 122 SGB IX

Teilhabezielvereinbarung

Der Träger der Eingliederungshilfe kann mit dem Leistungsberechtigten eine Teilhabezielvereinbarung zur Umsetzung der Mindestinhalte des Gesamtplanes oder von Teilen der Mindestinhalte des Gesamtplanes abschließen. Die Vereinbarung wird für die Dauer des Bewilligungszeitraumes der Leistungen der Eingliederungshilfe abgeschlossen, soweit sich aus ihr nichts Abweichendes ergibt. Bestehen Anhaltspunkte dafür, dass die Vereinbarungsziele nicht oder nicht mehr erreicht werden, hat der Träger der Eingliederungshilfe die Teilhabezielvereinbarung anzupassen. Die Kriterien nach § 117 Absatz 1 Nummer 3 gelten entsprechend.

Teilhabeziele Die Vorschrift zur Teilhabezielplanung ist vergleichsweise kurz. Ihr kommt aber insofern eine große Bedeutung zu, als in ihr nochmals die Bedeutung der Teilhabeziele betont wird. In der Vergangenheit stand häufig die Leistung im Vordergrund, insbesondere wenn es sich um eine stationäre Leistung handelte. Das zeigte sich bei Sandra z. B. bei der täglichen Aussprache über emotionale Belastungssituationen (s. S. 82). Die Leistung wurde unabhängig von dem Ziel gesetzt, sich an Gruppenaktivitäten mit Menschen ohne psychische Beeinträchtigung zu beteiligen. Nun sind die Teilhabeziele der eigentliche Gradmesser für die Beurteilung, ob die gewährten Leistungen zu den im Gesamtplan vereinbarten Zielen führen. Es ist in der Konsequenz durchaus denkbar, dass Leistungen der Sozialen Teilhabe die leistungsberechtigten Personen zu wenig fördern und durch Leistungen der medizinischen Rehabilitation ersetzt werden müssen. Leider ist die Teilhabezielvereinbarung jedoch lediglich eine Kann-Leistung. Sie ist nur im Persönlichen Budget verpflichtend vorgeschrieben.

Um die leistungsberechtigte Person mit ihrer Teilhabezielvereinbarung auf dem »freien Markt« der Angebote der Eingliederungshilfe zu unterstützen, hat der Gesetzgeber in Kapitel 8 Teil 2 SGB IX Vorgaben zum Vertragsrecht gemacht (§§ 123 ff. SGB IX).

§ 123 SGB IX

Allgemeine Grundsätze

(1) Der Träger der Eingliederungshilfe darf Leistungen der Eingliederungshilfe nach diesem Teil mit Ausnahme der Leistungen nach § 113 Absatz 2 Nummer 2 in Verbindung mit § 78 Absatz 5 und mit § 116 Absatz 1 durch Dritte (Leistungserbringer) nur erbringen, soweit eine schriftliche Vereinbarung zwischen einem Leistungserbringer und dem für den ansässigen Leistungserbringer zuständigen Träger der Eingliederungshilfe besteht. Die Vereinbarung kann auch zwischen dem Träger der Eingliederungshilfe und dem Verband, dem der Leistungserbringer angehört, geschlossen werden.

(2) Die Vereinbarungen sind für alle übrigen Träger der Eingliederungshilfe bindend. Die Vereinbarungen müssen den Grundsätzen der Wirtschaftlichkeit, Sparsamkeit und Leistungsfähigkeit entsprechen und dürfen das Maß des Notwendigen nicht überschreiten. Sie sind vor Beginn der jeweiligen Wirtschaftsperiode für einen zukünftigen Zeitraum abzuschließen (Vereinbarungszeitraum); nachträgliche Ausgleiche sind nicht zulässig. Die Ergebnisse der Vereinbarungen sind den Leistungsberechtigten in einer wahrnehmbaren Form zugänglich zu machen.

(3) Private und öffentliche Arbeitgeber gemäß § 61 sind keine Leistungserbringer im Sinne dieses Kapitels.

(4) Besteht eine schriftliche Vereinbarung, so ist der Leistungserbringer, soweit er kein anderer Leistungsanbieter im Sinne des § 60 ist, im Rahmen des vereinbarten Leistungsangebotes verpflichtet, Leistungsberechtigte aufzunehmen und Leistungen der Eingliederungshilfe unter Beachtung der Inhalte des Gesamtplanes nach § 121 zu erbringen. Die Verpflichtung zur Leistungserbringung besteht auch in den Fällen des § 116 Absatz 2. (...)

(6) Der Leistungserbringer hat gegen den Träger der Eingliederungshilfe einen Anspruch auf Vergütung der gegenüber dem Leistungsberechtigten erbrachten Leistungen der Eingliederungshilfe.

Geeignete Leistungserbringer Mit einigen Ausnahmen – der einfachen Assistenzleistungen zur vollständigen und teilweisen Übernahme von Handlungen zur Alltagsbewältigung, der Begleitung von Leistungsberechtigten sowie der Leistungen über pauschale Geldleistungen nach § 116 SGB IX – darf der Träger der Eingliederungshilfe Leistungen nur bei einem Leistungsträger bewilligen, der eine schriftliche Vereinbarung nach § 125 SGB IX abgeschlossen hat. Positiv ausgedrückt heißt das, dass qualifizierte Assistenzleistungen zur Befähigung des Leistungsberechtigten zu einer eigenständigen Alltagsbewältigung fachlich konzipiert und entsprechend anerkannt sein müssen. Die fachliche Konzeption muss dabei auf der Komponente Aktivitäten und Partizipation (Teilhabe) der ICF basieren, die sich wiederum in den qualifizierten Assistenzleistungen findet.

Bei einer Person mit Behinderung, die zur Teilnahme an einer Nordic-Walking-Gruppe wegen des Gefühls der Sicherheit zwar eine Begleitung, aber keine Assistenz zur Gestaltung sozialer Beziehungen braucht, könnte die Leistung im Rahmen des Persönlichen Budgets erbracht werden. Hier bietet sich eine bezahlte Tätigkeit für Personen mit EX-IN-Ausbildung an, die Assistenzleistungen auf Basis einer privaten Vereinbarung mit der leistungsberechtigten Person erbringen könnten. Diese Möglichkeit bietet sich auch für Personen, die Assistenzleistungen erhalten, um nach § 78 SGB IX im Rahmen eines Ehrenamts Assistenzleistungen für andere Leistungsberechtigte zu erbringen. Sandra könnte ihre Stärke, anderen zu helfen, in diesem Sinne nutzen und für die Ausübung dieser Tätigkeit Assistenzleistungen zur Gestaltung sozialer Beziehungen erhalten.

Eine wichtige Vorschrift in den Grundsätzen ist die in § 123 Absatz 4 SGB IX geregelte Verpflichtung, bei Bestehen einer schriftlichen Vereinbarung »Leistungsberechtigte aufzunehmen und Leistungen der Eingliederungshilfe zu erbringen«. Die Aktion Psychisch Kranke und die Bundesarbeitsgemeinschaft Gemeindepsychiatrischer Verbünde (BAG GPV) haben die schriftliche Vereinbarung der gemeinsamen Versorgungsverpflichtung im Gemeindepsychiatrischen Verbund etabliert. Der Gesetzgeber geht einen Schritt weiter und formuliert eine individuelle Versorgungsverpflichtung. Allerdings betrifft diese nicht die Aufnahme in ein Wohnangebot. Sie betrifft vielmehr den Abschluss einer Unterstützungsvereinbarung für Leistungen zur Sozialen Teilhabe zwischen Leistungserbringern und Leistungsberechtigten.

Eine Ausnahme bildet die Leistungsvereinbarung zur besonderen Wohnform, für die die Aufnahmeverpflichtung entsprechend dem Gesetzestext gilt. Der Versuch von Verbänden der Leistungserbringer, die Regelung durch Ausschlüsse von Menschen mit Selbst- oder Fremdgefährdung bzw. forensischer Vorgeschichte zu unterlaufen, widerspricht dem Diskriminierungsverbot der UN-BRK.

§ 124 SGB IX

Geeignete Leistungserbringer

(1) Sind geeignete Leistungserbringer vorhanden, soll der Träger der Eingliederungshilfe zur Erfüllung seiner Aufgaben eigene Angebote nicht neu schaffen. Geeignet ist ein externer Leistungserbringer, der unter Sicherstellung der Grundsätze des § 104 die Leistungen wirtschaftlich und sparsam erbringen kann. (...)

(2) Geeignete Leistungserbringer haben zur Erbringung der Leistungen der Eingliederungshilfe eine dem Leistungsangebot entsprechende Anzahl an Fach- und anderem Betreuungspersonal zu beschäftigen. Sie müssen über die Fähigkeit zur Kommunikation mit den Leistungsberechtigten in einer für die Leistungsberechtigten wahrnehmbaren Form verfügen und nach ihrer Persönlichkeit geeignet sein. (...)

(3) Sind mehrere Leistungserbringer im gleichen Maße geeignet, so hat der Träger der Eingliederungshilfe Vereinbarungen vorrangig mit Leistungserbringern abzuschließen, deren Vergütung bei vergleichbarem Inhalt, Umfang und Qualität der Leistung nicht höher ist als die anderer Leistungserbringer.

Bei der Definition geeigneter Leistungserbringer muss daran erinnert werden, dass die Leistungen der Eingliederungshilfe von der öffentlichen Hand bezahlt werden. Da sich diese jedoch schon vor langer Zeit aus der Leistungserbringung verabschiedet hat, geht es um eine Delegation der Leistungserbringung. Dabei ist die sparsame Leistungserbringung nicht mit einer billigen Leistungserbringung gleichzusetzen, sondern bedeutet eine wirtschaftlich angemessene Leistungserbringung bei Beachtung der Grundsätze der personenzentrierten Hilfen. Es wird zwar ein Vergleich der Leistungserbringer vorgenommen, höhere Kosten werden aber bei einem nachvollziehbar höheren Aufwand akzeptiert und durch tarifliche Vereinbarungen bedingte höhere Kosten werden nicht als unwirtschaftlich ausgelegt.

Der Anspruch einer personenzentrierten Erbringung qualifizierter Assistenz gilt auch für private Leistungserbringer, die nicht in einem Verband der freien Wohlfahrtspflege organisiert sind.

Eine Herausforderung ist es, dass geeignete Leistungserbringer »eine dem Leistungsangebot entsprechende Anzahl an Fach- und anderem Betreuungspersonal zu beschäftigen haben«. Entsprechend der Ausdifferenzierung des Leistungsangebots ist vor allem im sozialpsychiatrischen Bereich die Prämisse der multiprofessionellen Zusammensetzung der Teams zu beachten. Neben Personen mit einem Studium der Sozialen Arbeit und der Heilerziehungspflege sind vor allem solche mit einem Bachelorabschluss der angewandten Psychologie, der Heil- und Kunstpädagogik sowie der Ergotherapie zu nennen. Entscheidende Voraussetzung für ihren Einsatz ist die Fähigkeit zur Kommunikation mit den Leistungsberechtigten in einer für die Leistungsberechtigten wahrnehmbaren, d. h. verständlichen Form. Um dies sicherzustellen, wird bei einem Teil der Berufsgruppen eine sozialpsychiatrische Zusatzausbildung für die Erbringung der qualifizierten Assistenzleistungen erforderlich sein. Personen mit eigener Psychiatrieerfahrung und EX-IN-Ausbildung können qualifizierte Assistenzleistungen nur erbringen, wenn sie eine der genannten Berufsausbildungen abgeschlossen haben.

In jedem Fall wird von den qualifizierten Fachkräften gefordert, dass sie sich entsprechend dem sozialwissenschaftlichen Empathiebegriff in die Rolle der leistungsberechtigten Person hineinversetzen können.

§ 125 SGB IX

Inhalt der schriftlichen Vereinbarung

(1) In der schriftlichen Vereinbarung zwischen dem Träger der Eingliederungshilfe und dem Leistungserbringer sind zu regeln:

1. Inhalt, Umfang und Qualität einschließlich der Wirksamkeit der Leistungen der Eingliederungshilfe (Leistungsvereinbarung) und

2. die Vergütung der Leistungen der Eingliederungshilfe (Vergütungsvereinbarung).

(2) In die Leistungsvereinbarung sind als wesentliche Leistungsmerkmale mindestens aufzunehmen:
1. der zu betreuende Personenkreis,
2. die erforderliche sächliche Ausstattung,
3. Art, Umfang, Ziel und Qualität der Leistungen der Eingliederungshilfe,
4. die Festlegung der personellen Ausstattung,
5. die Qualifikation des Personals sowie
6. soweit erforderlich, die betriebsnotwendigen Anlagen des Leistungserbringers. (...)

(3) Mit der Vergütungsvereinbarung werden unter Berücksichtigung der Leistungsmerkmale nach Absatz 2 Leistungspauschalen für die zu erbringenden Leistungen unter Beachtung der Grundsätze nach § 123 Absatz 2 festgelegt. Förderungen aus öffentlichen Mitteln sind anzurechnen. Die Leistungspauschalen sind nach Gruppen von Leistungsberechtigten mit vergleichbarem Bedarf oder Stundensätzen sowie für die gemeinsame Inanspruchnahme durch mehrere Leistungsberechtigte (§ 116 Absatz 2) zu kalkulieren.

Teilhabevereinbarung Mit der schriftlichen Teilhabevereinbarung wird das Rechtsverhältnis zwischen dem Träger der Eingliederungshilfe und dem Leistungserbringer geregelt. Da die Leistungsvereinbarung in der Regel nicht mehr für eine stationäre bzw. besondere Wohnform abgeschlossen wird, sind Inhalt, Umfang und Qualität einschließlich der Wirksamkeit der Leistungen der Eingliederungshilfe konkret zu beschreiben. Der Inhalt ergibt sich aus den neuen Leistungsformen zur Sozialen Teilhabe nach § 113 SGB IX.

Nicht nur bei Sandra besteht ein hoher Bedarf bei Nummer 1, »Leistungen für Wohnraum«. Der Anspruch, Menschen mit wesentlicher Behinderung außerhalb besonderer Wohnformen zu unterstützen, macht die Leistung zur Beschaffung von Wohnraum zu einer relevanten Leistung. Menschen mit seelischen Beeinträchtigungen haben in der Regel keine Probleme mit physischen Barrieren, jedoch mit »einstellungsbedingten Barrieren«. Das Stigma der psychischen Erkrankung wirkt auf Vermieter sehr stark, sodass eine professionelle Unterstützung unabdingbar erscheint. Für Sandra ist das eines der zentralen Probleme: Sie traut ihren leistungserbringenden Personen nicht zu, sie in ihrem Sinne zu unterstützen. Hier zeigt sich eine entscheidende Verbesserung durch das BTHG: Nicht alle Leistungen müssen bei einem Leistungserbringer genommen werden, sondern es kann der Anbieter gewählt werden, dem die leistungsberechtigte Person am meisten Kompetenz zuschreibt.

Die meisten Leistungsvereinbarungen zwischen dem Träger der Eingliederungshilfe und dem Leistungserbringer betreffen die Assistenzleistungen nach § 78 SGB IX und die Leistungen zum Erwerb und Erhalt praktischer Kenntnisse und Fähigkeiten nach § 81 SGB IX. In der Vergangenheit wurde davon ausgegangen, dass für alle Bewohnerinnen und Bewohner in den besonderen Wohnformen alle Leistungen der Eingliederungshilfe pauschal erbracht werden. Das ist außerhalb besonderer Wohnformen nicht möglich und auch nicht nötig. Die meisten ambulant betreuten leistungsberechtigten Personen mit seelischer Behinderung melden nur einen Bedarf für einzelne Assistenzleistungen an. Bei Sandra, die nach zwanzig Jahren Psychiatrieerfahrung einen komplexen Hilfebedarf hat, sind es drei: die Assistenz zur persönlichen Lebensplanung, zur Gestaltung sozialer Beziehungen und zur Sicherstellung der Wirksamkeit ärztlicher Leistungen. Diese könnte sie von drei verschiedenen Leistungserbringern erhalten; da sie aber nicht unabhängig voneinander zu betrachten sind, ist es sinnvoll, einen Leistungserbringer zu wählen, der alle drei Leistungen anbietet. Wenn Sandra nach einer gewissen Zeit die Gestaltung sozialer Beziehungen leichter fällt, könnte sie für sportliche Aktivitäten die Leistungen eines Sportstudios oder für künstlerische Freizeitaktivitäten die Leistungen einer Kunsttherapeutin – gegebenenfalls auch als gepooltes Gruppenangebot – auswählen. Vorausgesetzt, diese Anbieter haben eine Leistungsvereinbarung mit dem Träger der Eingliederungshilfe.

Hinsichtlich des Umfangs der Leistungen sind eine räumliche und eine zeitliche Dimension zu unterscheiden. Wenn sich Leistungserbringer im Gemeindepsychiatrischen Verbund absprechen, ist eine räumliche Aufteilung von Sektoren denkbar, auf deren Grundlage auch in Flächenlandkreisen die Leistungen gemeindenah erbracht werden könnten. Genauso ist es denkbar, sich hinsichtlich Wochen- und Tageszeiten abzusprechen, z. B. könnte ein Leistungserbringer Assistenzleistungen zur Freizeitgestaltung einschließlich sportlicher Aktivitäten nur an Wochentagen in der Nachmittagszeit und am Wochenende ganztags erbringen.

Leistungserbringer der Sozialpsychiatrie werden vor allem Personen betreuen, die einen Anspruch auf umfassende Rufbereitschaft haben, und daher eher umfassende Leistungsvereinbarungen in der Dimension 7 Tage, 24 Stunden abschließen.

Hinsichtlich der Qualität spielt die Form der Leistungserbringung die entscheidende Rolle. Die leistungsberechtigten Personen können wählen zwischen einfachen Assistenzleistungen oder qualifizierten Assistenzleistungen, zwischen individuellen Angeboten oder Gruppenangeboten. Große Leistungserbringer werden dazu tendieren, alle Leistungen zu erbringen. Für kleine Leistungserbringer, die neu in das Geschäft einsteigen, bietet sich die Chance, Nischenangebote zu erschließen, z. B. Assistenzleistungen zur Teilhabe am gemeinschaftlichen und kulturellen Leben für Personen mit Asperger-Autismus. Zu vereinbaren sind in dieser Hinsicht »die Festlegung der personellen Ausstattung« sowie die »Qualifikation des Personals« nach § 125 SGB IX Absatz 2 Satz 4 und 5.

Vergütung Ein wichtiger Punkt in allen Vereinbarungen zwischen dem Träger der Eingliederungshilfe und dem Leistungserbringer ist die Vergütung, die sich aus Inhalt, Umfang und Qualität der Leistung sowie den Grundsätzen der Wirtschaftlichkeit und Sparsamkeit ergeben. Für die Leistungen zur Sozialen Teilhabe nach § 113 SGB IX sind Leistungspauschalen zu vereinbaren, die für individuelle Leistungserbringung und für die gemeinsame Inanspruchnahme kalkuliert werden müssen. Die Leistungspauschalen können über Hilfebedarfsgruppen oder über Fachleistungsstunden gebildet werden. Mit der Vergütung der Assistenzleistungen über Fachleistungsstunden kann sichergestellt werden, dass die leistungsberechtigten Personen genauso lange unterstützt werden, wie sie Unterstützung brauchen. Angesichts der differenzierten Bedarfsermittlung nach § 118 SGB IX erfordert die Gruppenbildung nach vergleichbarem Hilfebedarf die Bildung vieler Hilfsbedarfsgruppen, die wiederum nach der zeitlichen Inanspruchnahme gebildet werden müssten.

Die Kalkulation der Leistungspauschalen nach zeitlicher Inanspruchnahme ist auch bei Menschen mit seelischen Beeinträchtigungen möglich, auch wenn die Bedarfsdichte schwankt – über einen längeren Zeitraum lässt sich ein Durchschnittswert ermitteln. Bei Sandra kann für einen Zeitraum von zwei Jahren festgelegt werden, dass sie für die Assistenz zur persönlichen Lebensplanung, die Gestaltung sozialer Beziehungen und die Sicherstellung der Wirksamkeit ärztlicher Leistungen wöchentlich zehn Stunden einer qualifizierten Fachkraft benötigt. Bei schweren psychischen Krisen benötigt sie zusätzlich Leistungen der psychiatrischen häuslichen Krankenpflege, um kompensatorische Hilfen für die krankheitsbedingten Beeinträchtigungen zu entwickeln.

Plan und Wirklichkeit

Ein Plan ist für die Erbringung von Leistungen zur Rehabilitation und Teilhabe unabdingbar. Mit dem BTHG wurde die Planungsphase gegenüber der Leistungserbringung deutlich aufgewertet. Dadurch sollten die Steuerungsmöglichkeiten des Trägers der Eingliederungshilfe verbessert und die Kostendynamik sollte eingedämmt werden. Paradox mutet an, dass die Entlastung der öffentlichen Haushalte durch die Stärkung der Rechte von Menschen mit Behinderung erfolgen soll. »Du hast keine Chance, aber nutze sie«, dachte Sandra Dellmann, als sie sich 2018 zur Ermittlung ihres Teilhabebedarfs bereit erklärte, ohne Aussicht auf Umsetzung daraus resultierender Erkenntnisse. Sie fand es gut, wenigstens einmal darüber nachzudenken, wie sie ein selbstbestimmteres Leben realisieren könnte. Für die praktische Umsetzung fehlte die Basis. Der Träger der Eingliederungshilfe war damals noch weit davon entfernt, eine individuelle Bedarfsermittlung durchzuführen, sie für eine Teilhabeplanung zu nutzen und in der Folge die voraussichtlich erforderlichen »Leistungen hinsichtlich Ziel, Art und Umfang funktionsbezogen« festzustellen, wie es in § 19 Absatz 1 SGB IX heißt, und einen Gesamtplan zu beschließen.

Aber das Gespräch löste etwas aus. Sandra begann, ihr Leben unabhängig von ihrem Leistungserbringer in die Hand zu nehmen. Sie beantragte eine psychotherapeutische Behandlung bei einer tiefenpsychologisch orientierten Psychotherapeutin und hatte erstmals das Gefühl, dass es nicht nur um ihre Emotionsregulation, sondern um die Aufarbeitung ihrer Lebensgeschichte ging. Parallel dazu widmete sie sich ihrem wichtigsten Anliegen: einer eigenen Wohnung. Ihr Leistungserbringer traute ihr selbstständiges Wohnen nicht zu, bot ihr aber an, aus der ambulant betreuten Wohngemeinschaft auszuziehen und im Rahmen des Betreuten Wohnens eine Wohnung zu beziehen.

Parallel entschloss Sandra sich aufgrund ihres zwischenzeitlich 135 Kilogramm betragenden Gewichtes, bei ihrer Krankenkasse einen Antrag auf eine Magenverkleinerung zu stellen. Diese wurde bewilligt und Sandra verlor innerhalb von zwei Jahren ca. sechzig Kilogramm. Sie fühlt sich mit diesem Körpergewicht wesentlich wohler und hat damit auch weniger Probleme, sich in der Öffentlichkeit zu zeigen. Wahrscheinlich hat das neue Körpergefühl auch ihre Haltung zu einer Partnerschaft verändert.

Dass sie eine Partnerschaft mit einem psychisch beeinträchtigten Mann einging, war ein weiteres in der Bedarfsermittlung nicht geplantes Ereignis.

Die Partnerschaft verstärkte jedoch den Wunsch, eine eigene Wohnung zu finden. Das Paar beschloss, ein Inserat bei eBay aufzugeben, in dem es angab, dass beide nicht nur einen Arbeitsplatz hätten, sondern auch bereit seien, Verrichtungen in Haus und Garten unentgeltlich zu übernehmen. Sandra griff hier auf eine ihrer Stärken zurück, die sie bei der Bedarfsermittlung genannt hatte und die mit dem Item d660 der ICF, »Anderen helfen«, festgehalten wurde. Daraufhin meldete sich die Tochter der späteren Vermieterin, deren Tochter Sandra bei einem ihrer Klinikaufenthalte als FSJlerin kennengelernt hatte. Beim Besichtigungstermin sprach Sandra die Vermieterin darauf an und erzählte ihr von ihrer psychischen Erkrankung und der ihres Partners. So bekamen sie eine passende und bezahlbare Drei-Zimmer-Dachwohnung, in der Sandra ihre Katzen mitbringen konnte und alle den Garten mitbenutzen dürfen. Das Verhältnis zu der Hausbesitzerin und ihren nicht in dem Haus wohnenden Familienangehörigen hat sich in den vergangenen zwei Jahren so weit entwickelt, dass von Familienanschluss gesprochen werden kann. Ein Beispiel gelungener Inklusion. Sandra erhält weiterhin Unterstützungsleistungen im Rahmen des Betreuten Wohnens von ihrer Bezugsperson, fühlt sich aber nicht mehr von deren Leistungserbringer abhängig.

Sandra baute ihre Bereitschaft zu helfen noch weiter aus. Sie reagierte auf das Inserat einer Nachbarin, die jemanden suchte, der ihren Hund ausführt. Dies macht sie nun regelmäßig und hat damit nicht nur Bewegung, die ihr sichtlich guttut, sondern kann den Hund als Übung für soziale Kontakte mit anderen Menschen nutzen. In Kombination mit der psychotherapeutischen Behandlung, die sie nach wie vor wahrnimmt, kann sie möglicherweise ihr großes Problem des Misstrauens gegenüber anderen Menschen lösen.

In der WfbM wird Sandra zunehmend für Fahr- und Lieferdienste eingesetzt und kann ihre Konflikte mit anderen Beschäftigten mithilfe der Moderation des Werkstattleiters jetzt besser lösen. Allerdings ist ein neues Problem im Rahmen der Coronakrise aufgetaucht. Die Sicherheitsanforderungen im Hinblick auf das Schuhwerk sind verschärft worden. Der Preis für adäquates Schuhwerk ist jedoch höher als die Pauschale, die die Werkstattbeschäftigten dafür erhalten. Dass die Gruppenleiter der WfbM den realen Preis ersetzt bekommen, diese Ungerechtigkeit triggert in Sandras Worten alte Unwertigkeitsgefühle an. Sie wird dadurch krisenanfällig und es fällt ihr schwer, die richtigen Mittel zu finden, sich zu wehren. Hier könnte sie die Assistenzleistung zur Gestaltung sozialer Beziehungen gut gebrauchen.

Privat ersetzt sie ihren Roller durch ein Kraftfahrzeug und ist damit unabhängig von öffentlichen Verkehrsmitteln, die ihr nach wie vor Stress bereiten.

Auch im Kontakt zu den Eltern hat sich etwas getan. Der Kontakt zu ihrem Vater beschränkt sich auf wöchentliche Telefonate, hat sich aber eindeutig vertieft. Es steht ein Besuch gemeinsam mit ihrem Partner an, um die Beziehung zu ihrem über siebzig Jahre alten Vater noch weiter zu vertiefen. Die Hälfte des Aufbaus einer Eltern-Kind-Beziehung wäre dann geschafft. Von der Mutter hält Sandra sich zu ihrem eigenen Schutz weiter fern, obwohl diese in ihrem Gefühlsleben nach wie vor eine große Rolle spielt. Die Hoffnung auf eine Versöhnung mit der Mutter hat sie noch nicht aufgegeben.

Bei einem anderen Punkt hat sich sehr viel getan. Die neuroleptische Medikation wurde deutlich reduziert und musste auch in Krisensituationen nur geringfügig erhöht werden. In den Wintermonaten häufen sich noch immer depressive Stimmungslagen, mit denen sie jedoch ohne Klinikaufnahmen zurechtkommt.

Den Zugang zu Freizeit- und Sportgruppen hat sie mangels professioneller Unterstützung noch nicht geschafft, ihre sozialen Ängste sind nach wie vor vorhanden. Gleichwohl hat Sandra ihr Selbstbewusstsein deutlich gesteigert und hat die realistische Erwartung, dass sich ihre Teilhabe und ihre Selbstbestimmung in der Zukunft weiter verbessern werden.

Fazit

Mit dem BTHG hat der Gesetzgeber einen großen Schritt bei der Umsetzung der von der UN-BRK geforderten Rechte auf gleichberechtigte Teilhabe für Menschen mit wesentlichen Behinderungen getan. Beim Lesen von Sandras Geschichte könnten Zweifel aufkommen, ob die Leistungen der Eingliederungshilfe wirklich erforderlich sind, schließlich hat sie es weitgehend ohne fachliche Hilfe geschafft, teilweise sogar trotz fachlicher Hilfe. Aber es darf nicht vergessen werden, dass sie eine zwanzigjährige Leidenszeit hinter sich hat, die durch das rechtzeitige Einsetzen passgenauer Hilfen hätte verhindert werden können. Und ihre selbstbestimmten Aktivitäten begannen, als das BTHG am Horizont erschien.

Damit hat es vor seiner konkreten Umsetzung bewirkt, dass sich Menschen mit Behinderungen auf ihre Rechte besonnen haben. Bei Menschen mit Körper- und Sinnesbeeinträchtigungen war das nicht nötig, für Menschen mit seelischen Beeinträchtigungen wurde jedoch die große Bedeutung des Rechtes auf Selbstbestimmung im Recoveryprozess lange unterschätzt. Das Stigma der psychischen Erkrankung führte dazu, dass sowohl die Betroffenen als auch die Gesellschaft davon ausgingen, dass Menschen mit seelischen Behinderungen erst ein Recht auf gleichberechtigte Teilhabe haben, wenn sie vollständig geheilt sind.

Im Gegensatz zu Menschen mit Körper- und Sinnesbeeinträchtigungen fehlt Menschen mit seelischen Beeinträchtigungen das Selbstbewusstsein, das Recht auf gleichberechtigte Teilhabe einzufordern. Sie ziehen sich eher aus dem gesellschaftlichen Leben zurück, anstatt entsprechende Hilfen zu beantragen. Das Gesetz zur Stärkung der Teilhabe und Selbstbestimmung von Menschen mit Behinderungen ist für Menschen mit seelischen Beeinträchtigungen eine große Chance, es bedarf jedoch einer fundamentalen Haltungsänderung bei Rehabilitationsträgern und Leistungserbringern. Beide müssen ihre Fixierung auf die Kosten der Leistung aufgeben und der Selbstbestimmungsfähigkeit der Betroffenen größeres Vertrauen schenken. Wie Sandras Geschichte gezeigt hat, kommt der Teilhabeplanung eine ebenso hohe Bedeutung zu wie der Leistungserbringung.

Der Gesetzgeber hat durch die UN-BRK erkannt, dass im neunten Sozialgesetzbuch vor allem der Planungsprozess geschärft werden muss. Einige Pleiten der öffentlichen Hand wie der Berliner Flughafen haben gezeigt, dass sich eine nachlässige Planung durch hohe Folgekosten rächt. Er hat daher an der richtigen Stelle angesetzt, indem er den aus der öffentlichen Hand finanzierten Trägern der Eingliederungshilfe die Verantwortung für die Gesamtplanung für die Personen übertragen hat, die schwer in ihrer Teilhabe beeinträchtigt sind. Mit Überführung der Eingliederungshilfeleistungen in Teil 2 des SGB IX ist er von einer Effizienzrendite von 100 Millionen Euro pro Jahr ausgegangen (Deutscher Bundestag 2016 b, S. 209).

Da sich die Träger der Eingliederungshilfe und die Leistungserbringer der Behindertenhilfe jedoch vor allem mit den Leistungsvereinbarungen auseinandergesetzt haben, anstatt sich um die trägerübergreifende Teilhabeplanung zu kümmern, droht nun, was viele befürchtet haben: ein weiteres Bürokratiemonster. Die Gemeindepsychiatrie mit ihren vernetzten Strukturen und dem traditionellen Bezug zu Gesundheitsleistungen hat die Chance, das Gesetz im Sinne der Betroffenen umzusetzen.

Literatur

AMERING, M.; SCHMOLKE, M. (2007): Recovery. Das Ende der Unheilbarkeit. Köln: Psychiatrie Verlag.

AMERING, M.; GMEINER, A. (2019): Recovery und die UN-Konvention für die Rechte von Menschen mit Behinderungen. In: ZUABONI, G.; BURR, C.; WINTER, A.; SCHULZ, M. (Hg.): Recovery und psychische Gesundheit. Grundlagen und Praxisprojekte. Köln: Psychiatrie Verlag, S. 26–35.

BAGüS (2020): Kennzahlenvergleich Eingliederungshilfe der überörtlichen Träger der Sozialhilfe 2018. http://kennzahlenvergleich-eingliederungshilfe.de/images/berichte/2020-04-21%20BAGS%20Bericht%20Kennzahlen vergleich%20Berichtsjahr%202018%20final.pdf (27.07.2021).

BLANKENBURG, W. (2012): Der Verlust der natürlichen Selbstverständlichkeit. Ein Beitrag zur Psychopathologie symptomarmer Schizophrenien. Berlin: parados.

BLANKENBURG, W. (2020): Friedrich Hölderlin – eine pathografische Skizze. Sozialpsychiatrische Informationen, 50(4), S. 51–56.

BMFSFJ – Bundesministerium für Familie, Senioren, Frauen und Jugend (2020): Ergebnisbericht der wissenschaftlichen Begleitung zum Dialogprozess »Mitreden – Mitgestalten: Die Zukunft der Kinder- und Jugendhilfe«. Berlin: BMFSFJ.

BMJFFG – Bundesminister für Jugend, Familie, Frauen und Gesundheit (1988): Empfehlungen der Expertenkommission der Bundesregierung zur Reform der Versorgung im psychiatrischen und psychotherapeutisch/psychosomatischen Bereich auf der Grundlage des Modellprogramms Psychiatrie. Bonn: BMJFFG.

BOCK, T.; HEINZ, A. (2016): Psychosen. Ringen um Selbstverständlichkeit. Köln: Psychiatrie Verlag.

BREME, R.; KRONENBERGER, G.; NÄDER, C. (2007): Aufwand und Vergütung auf den Punkt gebracht! Personenzentrierte Finanzierung in der Eingliederungshilfe (Teil 1). NDV, 87 (5), S. 177–183.

DEEGAN, P. (2019): Die Eule und ich oder Recovery als lebenslanger Prozess. In: ZUABONI, G.; BURR, C.; WINTER, A.; SCHULZ, M. (Hg.): Recovery und psychische Gesundheit. Köln: Psychiatrie Verlag, S. 14–25.

Deutscher Bundestag (1975): Bericht über die Lage der Psychiatrie in der Bundesrepublik Deutschland. Zur psychiatrischen und psychotherapeutisch/psychosomatischen Versorgung der Bevölkerung. Drucksache 7/4200. https://dserver.bundestag.de/btd/07/042/0704200.pdf (10.12.2021).

Deutscher Bundestag (2016a): Beschlussempfehlung und Bericht des Ausschusses für Arbeit und Soziales (11. Ausschuss) a) zu dem Gesetzentwurf der Bundesregierung – Drucksachen 18 / 9522, 18 / 9954, 18 / 10102 Nr. 16 – Entwurf eines Gesetzes zur Stärkung der Teilhabe und Selbstbestimmung von Menschen mit Behinderungen (Bundesteilhabegesetz – BTHG) b) zu dem Antrag der Abgeordneten Katrin Werner, Sigrid Hupach, Matthias W. Birkwald, weiterer Abgeordneter und der Fraktion DIE LINKE. – Drucksache 18 / 10014 – Das Teilhaberecht menschenrechtskonform gestaltenc) zu dem Antrag der Abgeordneten Corinna Rüffer, Kerstin Andreae, Markus Kurth, weiterer Abgeordneter und der Fraktion BÜNDNIS 90 / DIE GRÜNEN – Drucksache 18 / 9672 – Mit dem Bundesteilhabegesetz volle Teilhabe ermöglichen. Drucksache 18 / 10523 (https://dserver.bundestag.de/btd/18/105/1810523.pdf (11.01.2022).

Deutscher Bundestag (2016b): Entwurf eines Gesetzes zur Stärkung der Teilhabe und Selbstbestimmung von Menschen mit Behinderungen. Drucksache 18/9522. https://dserver.bundestag.de/btd/18/095/1809522.pdf (23.12.2021).

DGPPN (Hg.) (2018): S3-Leitlinie Psychosoziale Therapie bei schweren psychischen Erkrankungen. Erstes Update. Berlin: Springer.

Dörner, K. (2010): Nur Bürger integrieren Bürger. Soziale Psychiatrie, 34(2), S. 40–43.

DVfR – Deutsche Vereinigung für Rehabilitation (2017): Stellungnahme der DVfR zur ICF-Nutzung bei der Bedarfsermittlung, Bedarfsfeststellung, Teilhabe- und Gesamtplanung im Kontext des Gesetzes zur Stärkung der Teilhabe und Selbstbestimmung von Menschen mit Behinderungen (Bundesteilhabegesetz – BTHG). https://www.dvfr.de/fileadmin/user_upload/DVfR/Downloads/Stellungnahmen/DVfR-Stellungnahme_ICF-Nutzung_im_BTHG_bf.pdf (11.01.2022).

Fegert, J.M.; Plieninger, A.; Witt, A.; Amann, A.; Konrad, M. (2022): Neue rechtliche Rahmenbedingungen (SGB VIII – SGB IX) und Herausforderungen in der Praxis der Versorgung psychisch erkrankter Adoleszenter und junger Erwachsener im Übergang. In: Werner, A.; Giertz, K.; Kölch, M. (Hg.): Adoleszenzpsychiatrie in Klinik und Gemeinde. Köln: Psychiatrie Verlag (in Vorbereitung).

FINZEN, A. (2009): Psychiatrie und Soziologie. Eine Einladung. http://www.finzen.de/pdf-dateien/soziologie.pdf (10.01.2021).

G-BA – Gemeinsamer Bundesausschuss (2021a): Richtlinie des Gemeinsamen Bundesausschusses über die Durchführung von Soziotherapie in der vertragsärztlichen Versorgung. https://www.g-ba.de/downloads/62-492-2466/ST-RL_2021-03-18_iK-2021-04-01.pdf (02.01.2022).

G-BA – Gemeinsamer Bundesausschuss (2021b): Richtlinie des Gemeinsamen Bundesausschusses über die Verordnung von häuslicher Krankenpflege (Häusliche Krankenpflege-Richtlinie) in der Fassung vom 17. September 2009, zuletzt geändert am 21. Oktober 2021. https://www.g-ba.de/downloads/62-492-2674/HKP-RL_2021-10-21_iK-2021-12-24.pdf (12.01.2022).

GKV-Spitzenverband (2021): Gemeinsame Empfehlungen zur mobilen Rehabilitation. https://gkv-spitzenverband.de/media/dokumente/krankenversicherung_1/rehabilitation/m_reha/2021_07_12_Gemeinsame_Empfehlungen_Mobile_Reha_v02.pdf (02.01.2022).

GOFFMAN, E. (1961): Asyle: Über die soziale Situation psychiatrischer Patienten und anderer Insassen. Frankfurt a.M.: Suhrkamp.

GOFFMAN, E. (1975): Stigma. Über Techniken der Bewältigung beschädigter Identität. Frankfurt a.M.: Suhrkamp.

GROTKAMP, S.; CIBIS, W.; BRÜGGEMANN, S.; COENEN, M.; GMÜNDER, H.P.; KELLER, K.; ... WEISSMANN, R. (2020): Personbezogene Faktoren im bio-psycho-sozialen Modell der WHO: Systematik der Deutschen Gesellschaft für Sozialmedizin und Prävention (DGSMP). Gesundheitswesen, 82(1), S. 107–116.

GÜHNE, U.; KONRAD, M. (2019): Wie finden die Empfehlungen des Updates der S3-Leitlinie Psychosoziale Therapien Anschluss an das Bundesteilhabegesetz? Psychiatrische Praxis, 46(8), S. 468–475.

HAMMER, M.; PLÖSSL, I. (2013): Irre verständlich. Menschen mit psychischer Erkrankung wirksam unterstützen. Köln: Psychiatrie Verlag.

HAMMER, M.; PLÖSSL, I. (2020): Irre verständlich: Methodenschätze. Wirksame Ansätze für die Arbeit mit psychisch erkrankten Menschen. Köln: Psychiatrie Verlag.

HEISSLER, M. (2021): Psychiatrie ohne Betten. Eine reale Utopie. Köln: Psychiatrie Verlag.

HILDENBRAND, B. (1991): Alltag als Therapie. Ablöseprozesse Schizophrener in der psychiatrischen Übergangseinrichtung. Bern: Huber.

HILDENBRAND, B. (2015): Einführung in die Genogrammarbeit. Heidelberg: Carl Auer.

Hildenbrand, B. (2016): Zum Begriff der Begegnung. In: Stachowske, R. (Hg.): Leben ist Begegnung. Systemische Therapie und Beratung. Kröning: Asanger, S. 8–17.

Hildenbrand, B. (2021a): Die Krankengeschichte und ihr lebensweltlicher Hintergrund. Kerbe, 39(2), S. 4–7.

Hildenbrand, B. (2021b): Grundlagen der Genogrammarbeit. Die Lebenswelt als Ausgangspunkt sozialpsychiatrischer Praxis. Gießen: Vandenhoeck & Ruprecht.

Jacoby, R. (1980): Soziale Amnesie. Eine Kritik der konformistischen Psychologie von Adler bis Laing. 2. Auflage. Frankfurt a. M.: Suhrkamp.

Jung, P. (2019): Die »verführerische Banalität« strukturbildender Orte. Soziologische Perspektiven auf die Gemeindepsychiatrie in Deutschland. Weinheim: Beltz Juventa.

Kastl, J.M. (2009): Hannes K., die Stimmen und das Persönliche Budget. Soziobiografie einer Behinderung. Bonn: Psychiatrie Verlag.

Kauder, V.; Aktion Psychisch Kranke (Hg.) (1997): Personenzentrierte Hilfen in der psychiatrischen Versorgung. Bonn: Psychiatrie Verlag.

Keller, T. (1993): Hölderlin – zwei Hälften eines Lebens. In: Konrad, M.; Schmidt-Michel, P.-O. (Hg.): Die zweite Familie. Psychiatrische Familienpflege. Geschichte – Praxis – Forschung. Bonn: Psychiatrie Verlag.

Knuf, A.; Hammer, M. (Hg.) (2013): Die Entdeckung der Achtsamkeit in der Arbeit mit psychisch erkrankten Menschen. Köln: Psychiatrie Verlag.

Konrad, M. (2019): Die Assistenzleistung. Anforderungen der Eingliederungshilfe durch das BTHG. Köln: Psychiatrie Verlag

Konrad, M. (2020a): Familiale Lebenswelt und psychische Krankheit. Das schwierige Verhältnis der Psychiatrie zu einer unverwüstlichen Lebensform. Sozialpsychiatrische Informationen, S. 6–12.

Konrad, M. (2020b): Funktion und Probleme der EUTB-Stellen für Menschen mit seelischen Behinderungen. In: Aktion Psychisch Kranke (Hg.): Qualität als Maßstab. Brennpunkte der psychiatrischen Versorgung. Köln: Psychiatrie Verlag, S. 233–237.

Konrad, M.; Schock, S.; Jaeger, J. (2006): Dezentrale Heimversorgung in der Sozialpsychiatrie. Bonn: Psychiatrie Verlag.

Konrad, M.; Hoflächer, R. (2019): Unterstützte Entscheidungsfindung und selbstbestimmte Teilhabe am gesellschaftlichen Leben. In: Zinkler, M.; Mahlke, C.; Marschner, R. (Hg.): Selbstbestimmung und Solidarität. Unterstützte Entscheidungsfindung in der psychiatrischen Praxis. Köln: Psychiatrie Verlag, S. 155–169.

MELCHINGER, H. (1999): Ambulante Soziotherapie. Evaluation und analytische Auswertung des Modellprojekts »Ambulante Rehabilitation psychisch Kranker« der Spitzenverbände der Krankenkassen. Baden-Baden: Nomos.

PRESTIN, E. (2021): Zur Weiterentwicklung des psychiatrischen Hilfesystems. Anfragen und Wünsche aus Betroffenensicht. Sozialpsychiatrische Informationen, 51(3), S. 39–42.

REUMSCHÜSSEL-WIENERT, C. (2021): Psychiatriereform in der Bundesrepublik Deutschland. Eine Chronik der Sozialpsychiatrie und ihres Verbandes – der DGSP. Bielefeld: transcript.

ROSEMANN, M. (2006): Auf dem Weg zur personenbezogenen Finanzierung in der Eingliederungshilfe: Berliner Schritte. In: ARMBRUSTER, J.; SCHULTE-KEMNA, G.; WIDMEIER-BERTHOLD, C. (Hg.): Kommunale Steuerung und Vernetzung im Gemeindepsychiatrischen Verbund. Bonn: Psychiatrie Verlag, S. 198–211.

ROSEMANN, M.; KONRAD, M. (2020). Selbstbestimmtes Wohnen kompakt. Köln: Psychiatrie Verlag.

SCHÄDLE-DEININGER, H. (2021): Der Geschichte eine Zukunft geben. Psychiatrische Pflege 1960 bis 1990. Köln: Psychiatrie Verlag.

SCHULZ, M.; ZUABONI, G. (2014): Die Hoffnung trägt. Psychisch erkrankte Menschen und ihre Recoverygeschichten. Mit Fotos von Werner Krüper. Köln: BALANCE buch+medien verlag.

SÖHNER, F. (2020): Psychiatrie-Enquete: mit Zeitzeugen verstehen. Eine Oral History der Psychiatriereform in der BRD. Köln: Psychiatrie Verlag.

STEIN, E.; STEMMLER, C. (2017): RuBIn für Psychisch Erkrankte. Kommen und arbeiten, Kerbe, 35 (1), S. 42–44.

STEINHART, I.; WIENBERG, G. (2017): Rundum ambulant. Funktionales Basismodell psychiatrischer Versorgung in der Gemeinde. Köln: Psychiatrie Verlag.

SÜLLWOLD, L.; HUBER, G. (1986): Die schizophrene Basisstörung. Berlin u. a.: Springer.

THEUNISSEN, G. (2019): Autismus und herausforderndes Verhalten. Praxisleitfaden Positive Verhaltensunterstützung. Freiburg: Lambertus.

THIERSCH, H. (2020): Lebensweltorientierte Soziale Arbeit – revisited. Grundlagen und Perspektiven. Weinheim: Beltz Juventa.

THOMA, S. (2019): »Der Mensch ist dazu gemacht, das Menschliche zu ergründen«. Zur konzeptionellen Bedeutung der phänomenologisch-anthropologischen Psychiatrie im Vorfeld der westdeutschen

Psychiatriereform. Medizinhistorisches Journal, 54(3), S. 209–240.

Weinmann, S. (2019): Die Vermessung der Psychiatrie. Täuschung und Selbsttäuschung eines Fachgebiets. Köln: Psychiatrie Verlag.

Welter-Enderlin, R.; Hildenbrand, B. (2004): Systemische Therapie als Begegnung. 4. völlig überarbeitete und erweiterte Auflage. Stuttgart: Klett-Cotta.

WHO (2005): ICF. Internationale Klassifikation der Funktionsfähigkeit, Behinderung und Gesundheit. Neu-Isenburg: Deutsches Institut für Medizinische Dokumentation und Information.

Wienberg, G.; Steinhart, I. (2020): Das Funktionale Basismodell der Versorgung von Menschen mit schweren psychischen Erkrankungen – ein Update. Psychiatrische Praxis, 47(1), S. 9–15.

Zuaboni, G.; Burr, C.; Winter, A.; Schulz, M. (Hg.) (2019): Recovery und psychische Gesundheit. Grundlagen und Praxisprojekte. Köln: Psychiatrie Verlag.

Zubin, J. (1986): Mögliche Implikationen der Vulnerabilitätshypothese für das psychosoziale Management der Schizophrenie. In: Böker, W.; Brenner, H.D. (Hg.): Bewältigung der Schizophrenie. Bern: Huber, S. 29–41.

Anhang

Glossar der zitierten Paragrafen

Übereinkommen über die Rechte von Menschen mit Behinderungen (UN-BRK)

Ratifiziert durch den Deutschen Bundestag am 26. März 2009

Artikel 1 UN-BRK Zweck, S. 27

Artikel 14 UN-BRK Freiheit und Sicherheit der Person, S. 30

Artikel 19 UN-BRK Unabhängige Lebensführung und Einbeziehung in die Gemeinschaft, S. 28

Artikel 26 UN-BRK Habilitation und Rehabilitation, S. 29

Sozialgesetzbuch (SGB) Neuntes Buch (IX) – Rehabilitation und Teilhabe behinderter Menschen

Teil 1: Regelungen für Menschen mit Behinderungen und von Behinderung bedrohte Menschen

§ 1 Selbstbestimmung und Teilhabe am Leben in der Gemeinschaft, S. 14

§ 2 Begriffsbestimmungen, S. 31

§ 6 Rehabilitationsträger, S. 59 f.

§ 7 Vorbehalt abweichender Regelungen, S. 43 f.

§ 12 Maßnahmen zur Unterstützung der frühzeitigen Bedarfserkennung, S. 60f.

§ 13 Instrumente zur Ermittlung des Rehabilitationsbedarfs S. 61 f.

§ 15 (2) Leistungsverantwortung bei Mehrheit von Rehabilitationsträgern

§ 19 Teilhabeplan, S. 65

§ 20 Teilhabeplankonferenz, S. 66 f.

§ 21 Besondere Anforderungen an das Teilhabeplanverfahren, S. 83

§ 42 Leistungen zur medizinischen Rehabilitation, S. 68 f.

§ 61 Budget für Arbeit, S. 107 f.

§ 78 Assistenzleistungen, 98 f.

Teil 2: Besondere Leistungen zur selbstbestimmten Lebensführung von Menschen mit Behinderungen (Eingliederungshilferecht)

Zusammenfassungen von Richtlinien

Abbildungsverzeichnis

Zeitfracht Medien GmbH
Ferdinand-Jühlke-Straße 7
99095 Erfurt, Deutschland
produktsicherheit@kolibri360.de